한국의 선거와 경제

나남
nanam

저자 약력

이은국
연세대학교 행정학사, 석사
미국 미네소타 험프리행정대학원 석사과정 수료(정책학)
시카고대학 정치학박사
현재 연세대학교 행정학과 교수, 통일연구원장

나남신서 1269
한국의 선거와 경제

2008년 2월 15일 발행
2008년 2월 15일 1쇄

저자_ 이은국
발행자_ 趙相浩
발행처_ (주) **나남**
주소_ 413-756 경기도 파주시 교하읍
출판도시 518-4
전화_ 031) 955-4600 (代)
FAX_ 031) 955-4555
등록_ 제 1-71호(79. 5. 12)
홈페이지_ www.nanam.net
전자우편_ post@nanam.net

ISBN 978-89-300-8269-3
ISBN 978-89-300-8001-9 (세트)
책값은 뒤표지에 있습니다.

나남신서 · 1269

한국의 선거와 경제

이은국

나남
nanam

Election and Economy in Korea

by

Lee, Eun Kook

nanam

추천의 글

1930년대 중반에 프랭클린 D. 루스벨트(Franklin D. Roosevelt)는 미국의 대통령이었다. 당시 국가는 미국 역사상 최악의 경제적 불황이었던 대공황의 수렁에 빠져 있었다. 루스벨트는 경제를 활성화시키기 위한 예산 지출을 시작했다. 정부의 적자는 치솟고, 반대당인 공화당은 재정적 무책임을 이유로 그를 비판하였다.

루스벨트의 정치적 조언자이자 오른팔이었던 제임스 팔리(James Farley)는 특별히 비선거연도에 이루어지는 행정부의 높은 지출정책에 대한 질문을 받았다. 그는 "우리는 지출하고, 지출하고, 또 지출하며, 선거하고, 선거하고, 또 선거하게 될 것입니다"라고 응답하였다. 현실은 그가 옳았음을 증명했다. 루스벨트는 마침내 4선 대통령이 되었고, 매번 의회에서 민주당이 다수당이 되었다.

이 경험으로 인해 미국 정치가들은 선거기간이 가까워질 때 정부기금을 지출하는 것이 재선에 도움이 된다는 것을 확신케 되었다. 미국의 군사력, 기반시설, 복지국가 프로그램의 확대 — 군대기반 확장, 고속도로 건설, 노령보험, 그 외에도 다수의 프로그램 확대 — 는 유권자들이 정부에게 더 많은 보조를 요구할 수 있다는 것을 의미했다. 1960년대 후반과

1970년대 초반의 리처드 닉슨(Richard Nixon) 정부 같은 정치적으로 집중된 행정부는 신중함과 열정을 가지고 이 접근법을 적용했다.

닉슨 행정부의 이러한 측면은 1970년대 중반의 에드워드 터프트(Edward Tufte)의 주목을 받게 되었다. 그의 책은 신중하게 닉슨의 기술적으로 목표화된 지출을 기술하고, 단지 정치적 속담에 불과하던 것에 엄밀한 통계적 증거를 제시한다. 이를 통해 터프트는 사회과학자들 사이에서 이러한 아이디어를 보급시켰다.

이른바 정치적 경기순환 주기(*the Political business cycle*, PBC)라고 명명된 이 현상을 설명하고자 하는 일련의 경제적 모형들이 나타났다. 유권자의 근시안 또는 비합리성을 가정하여 노드하우스(Nordhaus)는 PBC가 존재할 수 있다는 것을 보였다. 이후 논문들은 유권자들의 합리성을 가정함으로써 PBC를 이론적으로 발전시켰다. 어떤 논문들은 여기서 한 발 더 나아가 유권자의 완전한 합리성을 가정하여 PBC를 부활시키고자 노력한다. 이 논쟁은 아직도 계속되고 있다.

PBCs는 두 가지 이유에서 중요성을 가진다. 첫째, PBCs는 경기변동과 경제의 정치적 자극에 의한 경기변동의 원인에 대한 시사점을 제공한다. 똑같이 중요하게, PBCs는 민주적 시민의 능력에 대한 단서를 제공한다: 그들은 근시안적인가? 그들은 선거 직전을 제외하고는 국민을 어리석게 취급하는 정부에 의해서 반복적으로 속을 수 있는가? 구체적인 실증적 증거는 대립적인 설명들을 구분하기 위해서 매우 중요하다. 한편 연구의 초점이 미국이나 몇몇 서구 국가에 국한되어 있어서 다른 나라의 정치적 체제에서의 PBC 연구는 매우 가치 있는 것이다.

이은국 교수의 박사학위 논문을 지도하면서 나는 그가 정치적 경기순환주기에 대해 얼마나 훌륭히, 오랜 기간 연구해왔는지를 알고 있다. 한국의 PBC에 대한 그의 전문성은 비할 데가 없다. 그가 이 책에서 밝히는 세부적인 통계적 증거들은 한국에서의 PBC를 이해하는 데 최고의 기여라 할 수 있다.

이 책은 단지 이은국 교수의 과학적 기술뿐 아니라, 그가 연구하는 주제에 대한 그의 축적된 지혜를 보여준다. 이는 국제 정치학계에 있어서 중요한 기여이다. 나는 이 중요한 주제에 관심 있는 독자들에게 충심으로 이 책을 추천하는 바이다.

크리스토퍼 에이컨
부학장 겸 로저 윌리암스 스트라우스 석좌교수
프린스턴대학교 정치학과

추천의 글 (영문)

In the mid-1930s, Franklin D. Roosevelt was president of the United States. The country was in the grip of the Great Depression, the worst economic contraction in American history. Roosevelt began spending money to stimulate the economy. Government deficits mounted, and the other party, the Republicans, criticized him for fiscal irresponsibility.

James Farley, Roosevelt's political advisor and right-handman, was asked about the administration's high-spending ways, particularly inelection years. He said, "We will spend and spend and spend, and elect and elect and elect." Events proved him right.

Roosevelt eventually won four presidential elections and carried a majority of Democrats into Congress with him every time.

This experience convinced American politicians that spending government funds close to election time would help re-elect them. The rise of American military, infrastructure, and welfare-state programs-military base expansion, highway building, old age insurance, and many more-meant that the voters could be wooed with government largesse. Politically focused administrations, such as Richard Nixon's in the late 1960s and early 1970s, adopted this approach with diligence and enthusiasm.

This aspect of the Nixon administration came to Edward Tufte's attention in the mid-1970s. His book carefully documented Nixon's skillfully targeted spending, giving hard statistical evidence for what had been merely political folk wisdom. In so doing, Tufte popularized the idea among social scientists.

A sequence of economic models appeared, trying to explain the phenomenon that by now had a name, "The political business cycle" (PBC). By assuming some voter myopia or irrationality, Nordhaus showed that a PBC might exist. Subsequent articles made the PBC go away (in theory) by assuming greater rationality on the part of the voters, always a popular assumption among economists. Still further articles tried to resurrect the PBC with fully rational voters. The debate continues.

PBCs are important for two reasons. First, they may give hints about business cycles and their origins in political stimulation of the economy. Equally importantly, they give clues about the capacities of democratic citizens: Are they myopic? Can they be fooled repeatedly by governments that treat them poorly except right before elections? Detailed empirical evidence is critically important to sorting out the competing explanations. Particularly valuable are studies of political systems other than the United States and a few Western countries, where too much of the attention has been focused.

Having chaired Eun Kook Lee's dissertation, I know how well and how long he has studied the political business cycle. His expertise on the Korean PBC is unmatched. The detailed statistical evidence he presents in this book constitute our best understanding of the PBC in his country.

This book represents not just Professor Lee's scientific skills, which are many, but also his accumulated wisdom on the subject he addresses. It is an important contribution to international political science scholarship. I warmly recommend it to the reader interested in this important topic.

Christopher H. Achen

Associate Chair, Politics Department, and
Roger Williams Straus Professor of Social Sciences
Princeton University

머리말

현대인의 최대관심사 중 하나는 경제문제이며 그 중에서도 물가와 취업에 대한 관심이 가장 높다. 장바구니를 든 주부는 시장에서 장을 보면서 상승된 물가를 절감하고 푸념을 늘어놓는다. 취업전선에 뛰어든 사람들은 올해나 내년의 취업전망에 일희일비(一喜一悲)하게 된다. 우리는 이렇게 일상사에서 부딪치는 물가와 취업의 문제가 왜 발생하는가, 그리고 이러한 문제의 해결책은 무엇인가 라는 점에 의문을 가지게 된다.

이러한 경기변동의 원인에 대한 궁금증을 풀기 위하여 공공선택론은 지난 30여 년간 이론적·실증적 노력을 끊임없이 경주하였다. 전통적으로 경제적 접근법은 경기변동의 원인을 외생적 충격, 안정화 정책의 시차오류, 구조화된 불안정성 등에서 찾아왔다. 그러나 이러한 전통적 접근법이 스태그플레이션(*Stagflation*)의 원인규명을 제대로 못하였고, 정치환경과 유리되어 제시된 경제정책이 실효성을 거두지 못함에 따라 새로운 정치경제적 접근방법이 대두하게 되었다. 전통적으로 거시경제학자들이 정치적 요인을 외생변수로 취급한 데 반해 공공선택론적 접근은 정치변수, 특히 선거를 내생화하여 경기변동의 한 원인으로 규명하려는 시도를 진행하였다.

에드워드 터프트(Edward R. Tufte)의 다음 글귀처럼

When you think economics, think elections,
When you think elections, think economics(Tufte, 1978: 65).

경제와 선거 간에 상호영향을 미치는 밀접한 관계가 있다는 사실이 선진제국에서는 하나의 상식처럼 받아들여지고 있다. 부시(George H. W. Bush) 대통령이 재선에 실패한 원인도 단적으로 경제정책의 실패라 말할 수 있다. 반면 클린턴(Bill Clinton) 대통령이 재선에 성공한 것은 경제정책의 성공이라 할 수 있다. 성추문 사건에도 불구하고 도덕이나 윤리보다는 경제가 더욱 중요하다는 반응을 보인 미국 국민들의 여론조사 결과는 한 정부나 정치적 인물을 평가하는 데 경제변수의 중요성을 잘 말해준다.

한국에서는 선거와 경기변동의 인과관계를 규명하는 연구가 비교적 근자에 와서야 시작되었으며, 아직도 미진한 상태이다. 이는 한국정치발전과정을 보면 쉽게 알 수 있다. 그동안 한국은 민주주의가 제대로 정착되지 못하였으며, 정권교체도 평화적으로 이루어지지 않은 권위주의 체제가 계속되었다. 따라서 유권자가 경제적 요인에 영향을 받아 의사결정을 하는 선진민주주의 국가를 대상으로 생성된 정치적 경기순환주기이론의 연구가 국내에서 미약한 것은 당연하다. 그러나 1987년 6·29 선언 이후 민주화가 급격히 진전되면서 한국에서도 선거가 경제에 미치는 영향에 관한 연구가 활성화되기 시작하였다, 이 연구서도 이러한 경향에 부응한 하나의 결과물이다.

이 책에서는 정치적 경기순환주기의 경제적 효과와, 미국을 중심으로

개발된 정치적 경기순환주기이론들의 검토 및 이러한 이론을 한국에 적용한 실증적 연구의 결과를 담았다. 특히 제4장의 실증적 연구부분은 〈한국행정학보〉 제33권 3호(1999 가을), pp. 177~193, 〈한국정책학회보〉 제8권 3호(1999), pp. 5~26, 연세대학교 사회과학연구소 〈사회과학논집〉 31집(2000), pp. 59~85, 〈정책분석평가학회보〉 제12권 1호(2002년 여름호), pp. 155~177에 게재된 논문들에서 실증적 연구결과만을 요약, 정리하였음을 밝혀둔다.

이 책은 고마운 여러분들의 도움으로 세상에 나오게 되었다. 먼저 미국에서 박사학위 논문을 지도해 주시고 안식년 기간에 이 책의 구성이나 내용에 대하여 아낌없이 조언을 해주신 프린스턴(Princeton) 대학의 에이컨(Chris Achen) 교수께 감사드린다. 또한 이 책의 그림과 표를 정리하는 데 많은 시간을 할애한 유인영 조교와 교정을 위해 수고한 김윤미 조교에게도 감사의 마음을 표한다. 수요가 별로 없는 연구서임에도 불구하고 흔쾌히 출판을 허락하신 나남출판의 조상호 사장님과 출판사 관계자 여러분들에게도 고마움의 마음을 표한다.

마지막으로 결혼 이후 지금까지 뒤에서 적극적으로 지원한 집사람과 두 딸 소윤, 서윤에게 감사의 마음을 전하고 싶다.

연희관 연구실에서

이 은 국

나남신서 · 1269

한국의 선거와 경제

차 례

| 제1장 |

공공선택과 정치적 경기순환주기이론

The trade of the petty usurer is hated with most reason:
it makes a profit from the currency itself, instead of making it from the process which currency was meant to serve.
— Aristotles, *Politics*

1. 공공선택론의 등장

전후 행정국가(*administrative state*) 패러다임은 공공부문의 지속적 팽창이 범세계적 추세였다. 케인스학파와 후생경제학파에 바탕을 둔 경제정책은 방만한 행정부문의 팽창과 심각한 재정적자의 문제를 우리에게 남겨 주었다. 이에 따라 재정적자 및 고질적인 물가상승의 난제를 짊어진 큰 정부(*big government*)를 축소하자는 작은 정부(*small government*)론이 대두되었다. 뉴라이트(*New Right*)의 물결로 명명되는 이 흐름은 그동안 방만하게 팽창된 정부규모를 축소하여 정부의 혁신을 도모하자는 것이 그 근본취지이다. 따라서 규제완화, 민영화, 신경영기법의 도입과 같은 획기적인 정책을 통해 정부조직을 재편함과 동시에 생산성 제고를 꾀한다. 이와 같은 추세는 미국, 영국을 비롯하여 일본, 호주, 뉴질랜드, 캐나다 등 많은 선진국에서 보편화되고 있다.

뉴라이트의 경제정책기조에 특히 공공선택론(*Public Choice*)은 초석의 역할을 한다.[1] 신정치경제학(*New Political Economy*), 현대정치경제학(*Modern Political Economy*), 정치의 경제학(*the Economics of Politics*), 형식 또는 실증 정치이론(*Formal or Positive Political Theory*), 합리적 선택이론(*Rational Choice Theory*), 사회선택이론(*Social Choice Theory*), 집단선택이론(*Collective Choice Theory*) 등으로 호칭되는 새로운 연구경향이 정치경제 상호작용 연구에 지배적인 패러다임으로 부각되었다. 고전, 신고전경제학파는 반국가적 무정부주의자는 아니며 국가의 비간섭주의를 원칙으로 하는 자유시장체제를 옹호한다. 시장경제를 정치와 분리하여 다루어 온 고전, 신고전경제학에서 국가에 관한 이론이 빈약한 것은 놀랄 일이 아니다.

---

1) 뉴라이트의 경제정책기조에 영향을 준 주요 경제학파는 시카고학파, 오스트리아학파, 공공선택학파, 그리고 공급경제학파로 대별된다.

그러나 미국에게 1930년대의 대공황은 고전, 신고전경제학의 균형이론에 의문을 던지는 변이현상으로 나타났다. 이에 케인스(J. M. Keynes)는 국가개입주의를 주장하였고, 후생경제학자(재정학자, 공공재정학자)들은 시장실패(*market failure*)의 문제를 근거로 온정적(*benevolent*) 국가개입을 옹호하고 나섰다. 후생경제학자들(Pigou, Meade, Samuelson)은 국가권력의 남용가능성을 배제하고 국가가 공공의 복지, 곧 사회후생함수(*social welfare function*)를 극대화하는 공익의 온정적 수호자라 간주하였다. 특히 보몰(Baumol)의 《후생경제학과 국가이론》(*Welfare Economics and the Theory of the State*, 1953)은 이런 관점의 대표작이라 할 수 있다.

그러나 지난 30여 년간 패러다임의 이행이 일어났다. 공공선택론의 태동이 바로 그것이다. 정치적 실패(*political failure*)와 이기주의적 정부(*selfish government*)의 문제점을 강조하면서 공공선택론은 시장실패와 온정적 정부를 강조하는 생산적 국가 패러다임에 도전을 가하였다.[2] 이러한 움직임은 경제학 분야에만 국한되지 않고 정치학(정당, 선거행태, 이익집단), 행정학(관료제) 및 법학 분야까지 파급되었다. 뿐만 아니라 지배적인 구조주의 맑시스트(*structualist Marxist*)이론에도 도전이 가해지기 시작했다.

합리적 선택 맑시즘(*Rational Choice Marxism*), 분석맑시즘(*Analytic Marxism*), 기능주의 또는 환원주의 맑시즘(*Functionalist or Reductionist Marxism*), 게임이론적 맑시즘(*Game-Theoretic Marxism*), 후후맑시즘(*Post-Post Marxism*) 등으로 명명되는 이 연구정향은 방법론적 개체주의(*methodological individualism*)의 가정을 토대로 한 합리적 선택이론을 수용한다.[3]

---

2) 공공선택론과 상호독립적으로 국가주의적(*statist*) 또는 신베버적(*neo-Weberian*) 이론과 네오맑시스트이론도 수동적 중재자(*passive arbiter*)로서의 국가개념에 대체하여 국가의 자율성(*autonomy*) 개념을 전제로 연구를 전개해 나가고 있다.

후생경제학자들과 달리 공공선택론자들은 국가에 관해 보다 냉소적인 견해를 가지고 있다. 즉 마키아벨리(Machiavelli)나 홉스(Hobbes)에 근거하여 국가란 사익(*self-interest*)이나 개인의 향락을 추구하기 위해 세입을 극대화하는 리바이어던(Leviathan)과 같은 괴물로 파악하고 있다. 공공선택론은 한마디로 경제적 개념, 가정 및 분석방법을 정치현상에 적용하려는 정치의 경제학이라 할 수 있다.

공공선택론 안에서도 강조점이나 가정 등의 차이에 따라 로체스터(Rochester)학파, 버지니아(Virginia)학파, 시카고(Chicago)학파, 블루밍턴(Bloomington)학파, 취리히(Zürich)학파 등으로 구분해 볼 수 있으나 공통적으로 다음과 같은 네 가지 일반적 가정에 입각한다.

① 방법론적 개체주의(*methodological individualism*): 시회저 결과는 각 개인의 선호나 선택의 결과로부터 도출된다.
② 공식적 합리성(*formal rationality*): 각 개인들은 일관된 선호체계를 가지고 있으며 그 선호의 우선순위를 서수적으로 나열할 수 있다.
③ 도구적 합리성(*instrumental rataionality*): 각 개인은 효용을 극대화한다. 즉, 각 개인은 자신의 선호를 최대한으로 실현하기 위해 선택을 한다.
④ 이기주의(*egoism*): 각 개인의 선호는 각 개인의 사익(*self-interest*)을 반영한다.

---

3) 코헨(Cohen), 엘스터(Elster), 쯔보르스키(Przeworski), 로머(Roemer) 등이 이러한 접근법의 대표적인 학자라 할 수 있다.

2. 공공선택론과 참여자의 합리성

정치의 경제학이라고 명명되는 공공선택론은 사익을 극대화하는 합리적 효용극대론자로서의 정치참여자를 가정한다. 이 가정을 토대로 정치참여자인 정치인, 관료, 투표자의 정치적 행태를 설명한다. 공공선택론의 지배적인 결론은 정부의 규모가 정치인, 관료, 투표자의 선호를 충족시키기 위하여 최적의 규모보다는 과다하다는 것이다. 따라서 공공선택론에서 예산결정과정은 근본적으로 정치과정이며, 최종예산안은 정치과정에 참여하는 참여자들간의 상호갈등 · 조정 · 경쟁의 결과물로 파악한다. 다시 말해 공공선택론은 예산결정과정에 참여하는 투표자 · 관료 · 정치인의 합리적 행태분석을 통해 공공예산팽창을 설명한다.

1) 투표자의 합리성모형

중위투표자모형(*median voter theorem*)은 다운스(Downs, 1957)와 블랙(Black, 1958)으로부터 연원한다. 그들은 투표자가 예산규모 결정에 결정적 역할을 하며, 각 투표자는 예산규모에 대한 최적수준의 선호를 가지며, 가장 선호하는 예산규모의 대안에 투표한다고 가정하였다. 이런 경우에 다른 어떤 예산규모 수준의 대안도 중위투표자에 의해 가장 선호되는 예산규모 수준의 대안을 제압할 수 없다는 것이다.

이와 같은 중위투표의 균형점은 다음과 같은 이상적 조건이 충족된 경우에 한하여 존재한다.

첫째, 예산규모의 대안에 대해 단봉선호(單峰選好, *single-peaked preference*)를 가진다.

둘째, 의사결정은 모든 다른 의사결정들과는 독립적인 단일차원

〈그림 1-1〉 다섯 명 투표자의 선호

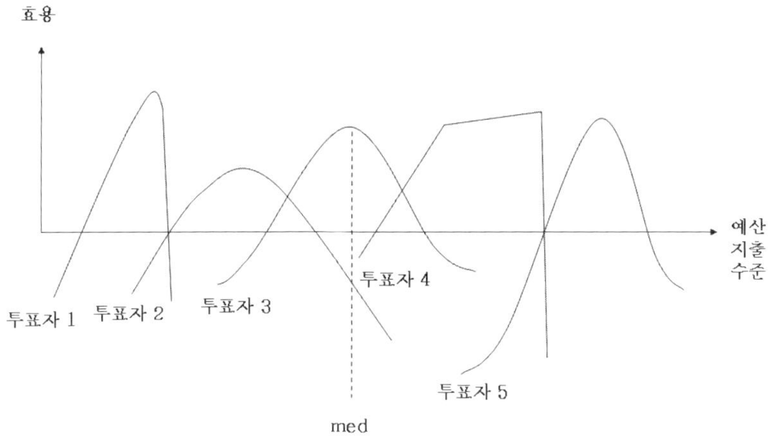

출처: Larkey, Stolp and Winter(1984, p. 74).

(*single dimension*)에서 이루어진다.

셋째, 투표자는 일회성 게임으로 투표를 한다.

넷째, 의사결정은 다수결의 원칙에 의한다.

위의 조건이 충족되면 중위투표자에 의해 가장 선호되는 예산규모의 대안이 예외 없이 채택된다. 〈그림 1-1〉의 예는 중위투표자를 잘 설명한다. 〈그림 1-1〉은 공공부문 예산규모에 대해 단봉선호를 가진 다섯 명의 투표자를 나타내며, 중위투표자(투표자 2)의 극대효용점(*med*)은 다른 어떤 예산규모의 대안도 물리칠 수 있다는 사실을 알려준다. 가령 중위투표자의 극대효용점의 좌측에 위치하는 예산규모의 새로운 대안이 제안되면 투표자 3·4·5는 중위투표자가 가장 선호하는 예산규모의 대안에 찬성함으로써 새로운 대안을 물리칠 수 있다. 마찬가지로 중위투표자의 극대효용점의 우측에 위치하는 예산규모의 새로운 대안이 제안되면 투표자 1·2·3에 의해 이 대안은 거부된다.

따라서 다수결의 원칙 아래서는 예산규모 결정에 중위투표자가 결정적 역할을 하며, 중위투표자에 의해 결정된 예산규모는 최적 예산규모이거나 다수의 투표자가 선호하는 예산규모이다.

그러나 최근 연구는 초창기의 중위투표자 모형의 가정을 수정하여 중위투표자가 선호하는 예산규모의 최적수준과 상이한 결과를 도출하였다. 투표자는 공공지출의 수혜자인 동시에 납세자란 점을 감안해 볼 때 선거 때에 어떤 역할이 보다 강하게 작용하느냐에 따라 예산 규모는 달라질 수 있기 때문이다. 특히 이와 연관하여 멜쩌와 리처드(Melzer and Richard, 1978), 로머와 로젠달(Romer and Rosenthal, 1978) 그리고 쿠란트, 그램리히와 루벤펠드(Courant, Gramlich and Rubenfeld, 1979)의 연구는 괄목할 만하다.

예산 팽창을 설명하는 또 다른 투표자모형은 공무원들의 역할에 주목하여 관료투표자영향력 가설을 제시한다. 이 가설은 공무원들은 공공부문의 예산규모를 결정하는 결정자인 동시에 결정된 예산의 수혜자이기도 하다는 점에 착안하여 투표자로서의 공무원은 예산규모의 팽창을 도모한다는 것이다. 부시와 덴조(Bush and Denzau, 1977)는 공무원이 예산규모결정에 미치는 영향을 분석하여 투표자로서의 공공부문 종사자와 투표자로서의 사적부문 종사자 간에는 예산지출수준에 대해 상이한 선호를 가지고 있다고 주장하였다. 〈그림 1-2〉에 나타난 바와 같이 공무원은 민간기업 근로자들보다 높은 예산지출규모를 선호하며, 사적부문 종사자가 공무원이 되면 그들이 선호하는 예산지출의 규모는 증가하게 된다. 따라서 투표자로서의 공무원이 증가할수록 예산의 팽창이 심화된다는 것이 이 가설의 핵심이다.

쿠란트, 그램리히와 루벤펠드(Courant, Gramlich and Rubenfeld, 1979)는 미시간주 과세제한안(*Michigan tax limitations proposals*)에 대한 가부(可否) 투표에서 평상시보다 높은 공무원 투표영향력이 행사되었으며, 이는 곧 공공예산 지출규모의 팽창으로 이어졌다는 연구결과

〈그림 1-2〉 민간부문과 공공부문 종사자의 공공예산지출규모에 대한 선호

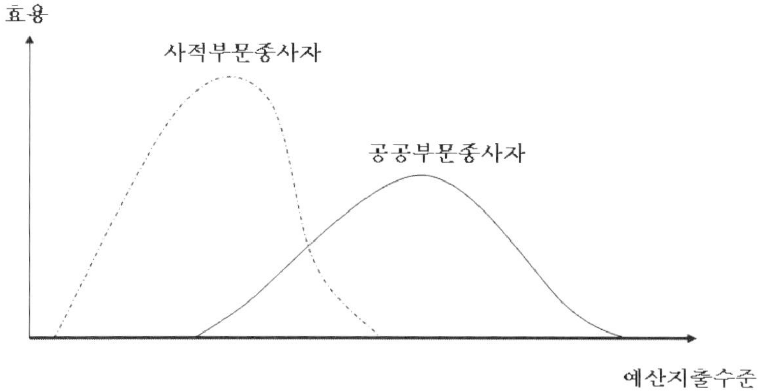

출처: Larkey, Stolp and Winter(1984, p. 75).

를 발표하였다(Larkey, Stolp and Winter, 1984: 73 76).

대부분의 투표자모형이 가지는 이론적 함축성은 투표의 예산팽창에 대한 편의(偏倚)로 요약될 수 있다(Musgrave and Musgrave, 1984, 103~119).

2) 관료의 합리성모형

예산결정과정에서의 관료행태를 공공선택론적 관점에서 설명하려는 모형이 니스카넨(Niskanen, 1971)에 의해 처음으로 제시되었다. 니스카넨은 다음의 가정을 전제로 중위투표자가 선호하는 예산규모의 최적수준보다 과대한 관료의 예산규모를 도출하였다.

첫째, 공급독점과 수요독점을 가정한다.

둘째, 관료의 비용곡선은 $TC = cQ + dQ^2$이고, 의회의 수요곡선은 $B = aQ - bQ^2$으로 가정한다. 여기서 TC는 생산비용, B는 예산, Q는 생산량, a, b, c, d(>0)는 상수를 의미한다.

셋째, 관료는 예산극대화의 유인체계를 가지는 데 반해, 의회의원들은 투표자의 대리인으로서 투표자의 선호를 최대한 반영하여 행동한다.

넷째, 예산결정과정에서 관료는 완전정보를 소유하는 데 반해, 의원들은 부분적 정보를 소유하므로 정보의 비대칭성(*information asymmetry*)이 존재한다.

위의 가정을 전제로 니스카넨은 관료가 선호하는 예산규모의 최적수준은 경쟁기업이나 독점기업의 예산규모나 최적생산량을 훨씬 초과한다고 주장한다. 이는 〈그림 1-3〉을 통해 쉽게 이해할 수 있다. 〈그림 1-3〉에서 Q_c는 경쟁적 기업의 사회적 최적 생산량이며, Q_m은 독점기업의 생산량이다. 반면에 공공관료조직에 의해 생산된 Q_b는 ⊿XCE 만큼의 초과공급이 발생하며, 이는 소비자 잉여 ⊿ABX와 같다. 한편 독

〈그림 1-3〉 독점적 관료의 예산규모 최적수준

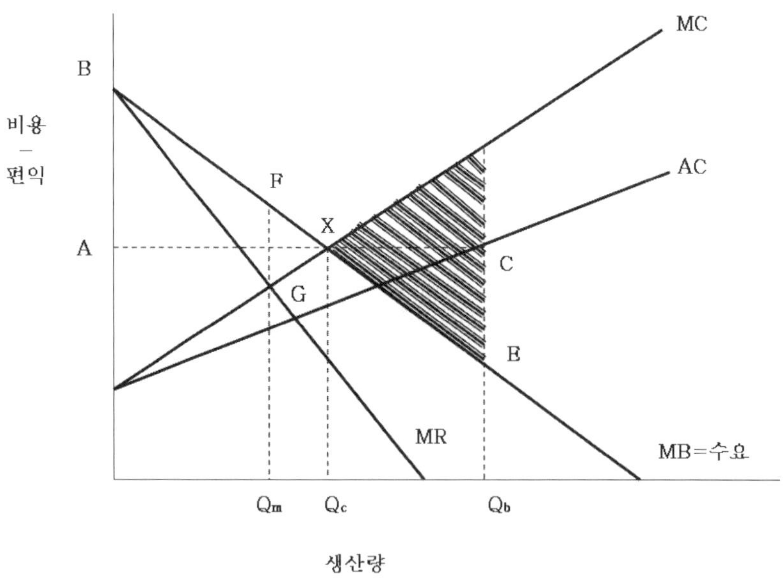

출처: Mitchell and Mitchell(1986), p. 185.

점기업에 의한 제한된 생산량으로 발생하는 후생손실 ⊿FXG는 공공조직에 의해 과잉공급되는 생산량과 비교하면 훨씬 작음을 알 수 있다. 이와 같이 관료가 예산을 극대화하는 이유는 예산지출규모의 증대에 따라 그들의 지위 · 보수 · 권력 등이 증대되기 때문이다(Mitchell and Mitchell, 1986: 184~186).

3) 정치인의 합리성모형

공공선택론적 관점에서의 정치인은 정권을 유지하거나 정권을 획득하기 위해 득표수를 극대화한다. 이러한 행태를 설명하는 대표적인 모형이 노드하우스(Nordhaus, 1975)가 제시한 정치적 경기순환주기(*Political Business Cycles*) 또는 정치적 예산주기(*Political Budget Cycles*) 모형이다. 이 모형의 요지는 정부가 선거 직전에 예산적자를 심화하거나 통화량 공급을 증가하여 실업률을 낮추는 팽창정책을 추구하는 반면, 선거 직후에는 선거 직전의 팽창정책으로 인한 부정적 효과를 극소화하려는 긴축정책을 추구한다는 것이다. 장기적 관점에서 정치적 경기순환주기는 〈그림 1-4〉와 같다. 한편 단기적 관점에서의 정치적 경기순환주기의 특성은 〈그림 1-5〉에 잘 나타나 있으며, 여기서는 노드하우스의 모형을 중심으로 살펴보자.

노드하우스의 정치적 경기순환주기모형은 구체적으로 다음과 같은 다섯 가지 가정에 입각한다.

① a. 정부의 유일한 목표는 선거에서 이기는 데 있다.
   b. 정부는 차기선거에서 득표율의 극대화를 위해 경제를 조작할 수 있다.

② a. 투표자는 안정된 물가와 낮은 실업률을 선호한다.
   b. 투표자는 미시안적(微視眼的)으로(*myopic*) 경제를 평가한다.

〈그림 1-4〉 장기 정치적 경기순환주기

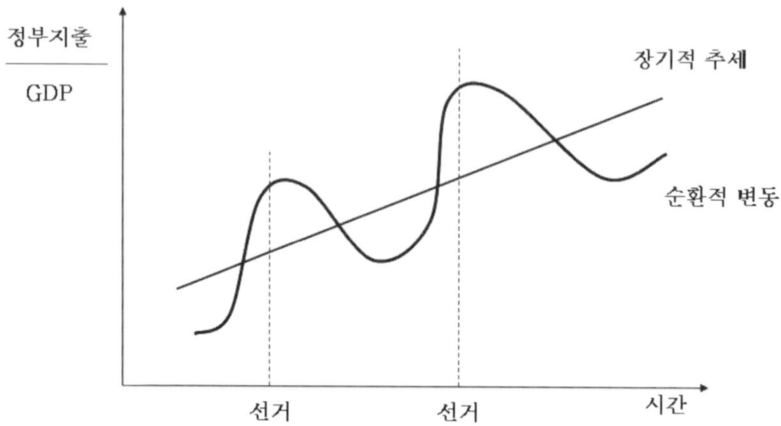

출처: Thompson (1990), p. 38.

〈그림 1-5〉 단기 정치적 경기순환주기

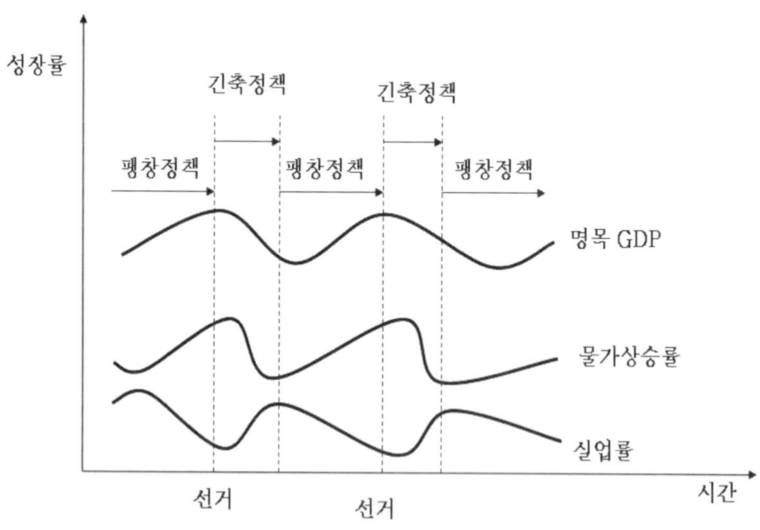

출처: Thompson (1990), p. 38.

투표자들은 경제적인 결과(낮은 실업률과 안정된 물가)에 따라 정부를 평가하며, 근시안적으로 경제여건을 평가하므로 선거에 근접한 시기의 경제상태에 가장 큰 비중을 둔다.

③ 경제는 필립스 곡선으로 특징지어진다. 필립스 곡선은 원래 임금상승률과 실업률 사이에 역의 상관관계로 표시되었지만, 일반적으로 보통 물가상승률과 실업률 사이의 역의 상관관계로 표시된다.

④ 선거의 주기는 고정되어 있다. 예컨대 미국과 같은 대통령제에서는 선거가 4년마다 정기적으로 행하여진다. 따라서 선거주기가 확실하다.

⑤ 정부의 시관(*time-horizon*)은 유한하며(*finite*), 일회성 게임(*one-shot game*)을 전제로 한다. 따라서 다가올 선거에서의 재선만이 의사결정의 시간적 제약조건이다.

이러한 가정 아래 도출된 결과는 '선거 직후 정부는 물가상승률을 잡기 위하여 실업률을 높이는 긴축정책을 추구하며, 선거가 다가오면 근시안적인 정책으로 실업률을 낮추는 팽창정책을 쓴다'이다. 이러한 행태의 반복이 〈그림 1-4〉와 〈그림 1-5〉와 같은 정치적으로 유인되는 경기순환주기를 가져온다.

4) 세 모형의 비교

앞서 서술한 관료독점모형의 이론적 함축을 요약하자면 사조직과 비교하여 공공관료조직은 과잉생산하며, 같은 일을 수행함에 있어 사조직에 비해 과잉고용하며, 사조직에 비해 감독관리자의 고용이 과대하며, 같은 일에 대해 사조직보다 보수수준이 과대하며, 사조직보다 덜 혁신적이고, 고객에 보다 권위주의적이며, 비생산적인 인력에 대한 해고가 보다 어렵다는 것이다.

〈그림 1-6〉은 〈그림 1-3〉의 니스카넨(Niskanen, 1971) 분석을 확장한 것으로 과잉예산·과잉인력·과대임금수준을 연관시키고 있다. 그리고 관련변수들이 사회적 최적수준을 초과하고 있음을 보여준다.

반면 예산규모에 대한 정치인 모형들의 대부분은 정치인이 사회적 최적수준을 초과하는 지점에서 예산규모를 선택하나, 관료독점모형의 관료들이 선호하는 예산규모보다는 작은 예산규모를 선호한다는 것을 보여준다. 그 이유는 명백하다. 정치인은 관료와 달리 종종 세입과 비용의 딜레마에 봉착하기 때문이다. 다시 말해 유권자로부터 보다 많은 득표율을 얻기 위해서는 보다 낮은 세율과 보다 많은 복지예산지출과 같이 상충되는 문제를 해결해야 하기 때문이다.

한편 투표자들의 예산규모에 대한 최적규모도 투표자들이 공공지출의 수혜자인 동시에 납세자이기 때문에, 선거 때에 어떤 역할이 보다

〈그림 1-6〉 공공부문의 과대규모

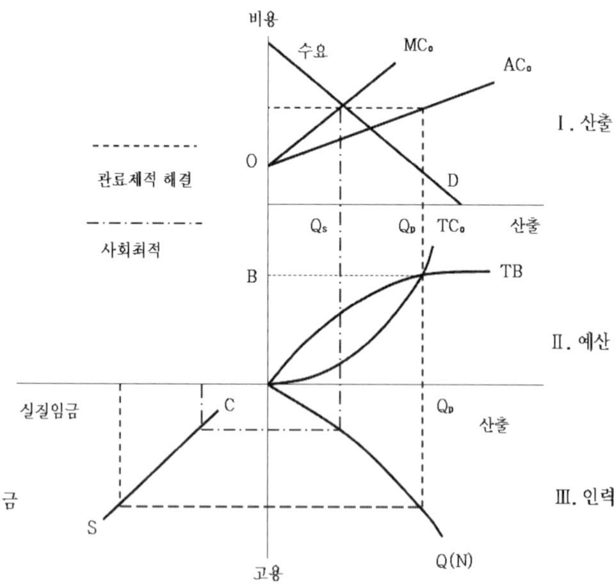

출처: Mitchell and Mitchell(1986), p. 187.

〈그림 1-7〉 투표자 · 정치인 · 관료들의 예산규모에 대한 선호

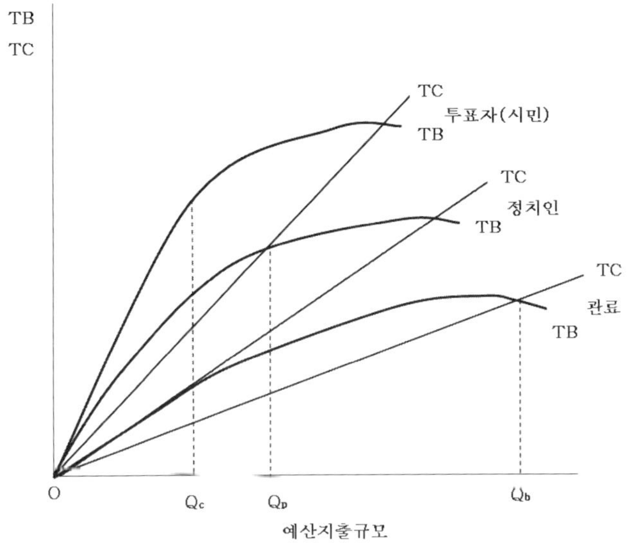

출처: Mitchell and Mitchell(1986), p. 188.

강하게 작용하느냐에 따라 예산규모의 최적수준은 달라질 수 있다. 따라서 다운스(Downs)와 갤브레이스(Galbraith), 뷰케넌(Buchanan)과 툴럭(Tullock)은 투표자의 최적예산규모에 대하여 서로 상이한 주장을 하고 있다.

〈그림 1-7〉은 투표자 · 정치인 · 관료들의 예산규모의 최적수준에 대한 선호를 나타낸다(Mitchell and Mitchell, 1986: 186~189).

5) 정치참여자의 사익추구를 제한하기 위한 공공선택론적 대안

정치 · 행정의 경제학으로서 공공선택론은 정치참여자들이 공익을 추구한다는 전통적 견해와 정반대로 자신들의 사적 효용을 극대화한다는 가정 아래 정치 · 행정행태를 설명하고 예측한다. 정치과정으로서

의 예산과정도 같은 맥락에서 이해될 수 있다. 따라서 정부예산팽창을 투표자·정치인·관료의 합리적 행태에서 설명하고 있다. 그 요지는 앞에서 살펴보았듯이 정도의 차이는 있으나 정부예산규모가 과대하다는 것이 공통적인 결론이다.

공공선택론자들의 또 다른 주요 관심사 중의 하나는 과대 정부규모 현상의 설명과 더불어 이런 추세를 제한할 수 있는 대안의 모색에 있으며, 그 대안은 다음과 같이 요약해 볼 수 있다.

① 헌법개정: 예산팽창을 제한하기 위해 가장 선호되는 대안 중의 하나는 균형예산(*balanced budget*)의 원리를 헌법에 명시하는 헌법개정이다. 균형예산의 원리는 프리드만(Friedman)에 기초하여 뷰케넌과 툴럭(Buchanan & Tullock) 등의 핵심적 공공선택론자에 의해 제창되었다. 균형예산의 원리는 과세에 대한 엄격한 제한과 GNP에서의 세출비율을 일정하게 고정하여 예산팽창을 제한하는 방법이다.

② 조직구조개편과 유인체계의 수정: 예산팽창을 억제하기 위한 또 다른 대안은 공공관료조직의 구조적 개편과 관료의 유인체계를 변화시키는 것이다. 조직의 구조적 개편에 있어 가장 중요한 요소는 동일하거나 유사한 행정서비스를 생산하는 부서간에 경쟁을 강화시키는 것이다. 관료의 유인체계변화와 관련하여 알 고어(Al Gore) 미 부통령은 〈미연방정부를 개혁하기 위한 보고서〉에서 "각 기관은 운영비 중 연말까지 지출하지 않은 예산의 50%에 대해서는 스스로 활용할 수 있게 하였으며, 이 중 2%에 해당하는 예산은 생산적으로 일한 직원에게 상여금으로 지불할 수 있게 하는" 개혁안을 내놓았다.

③ 정치적 대안: 정치적 대안으로 대표적인 것 중의 하나는 지방정부 차원에서 정치체계의 분권화이다. 경쟁시장체계가 다양한 소비자 선호를 충족시킴으로 해서 이상적으로 작동하는 것과 마찬가지로 분권화된 정치체계는 시민의 다양한 행정수요를 충족시킬 수 있다.

④ 시장지향적 대안: 예산팽창을 제한하기 위해 관료조직의 구조적 개편을 통해 관료제적 독점에 의한 비능률성을 감소시킬 수 있을 뿐만 아니라, 행정서비스를 사적 부문에서 생산할 수 있도록 하여 관료제적 독점력을 크게 제한할 수 있다. 따라서 민영화와 규제완화의 방법은 예산팽창의 효과적인 정책수단이 될 수 있다.

3. 공공선택론과 정치적 경기순환주기이론

앞으로 논의할 정치적 경기순환주기(*Political Business Cycles*, PBC) 이론도 공공선택론의 맥락 안에서 전개되었다. 공공선택론에 근거한 정치적 경기순환주기이론은 이기적인 정치가가 정치적 이득을 위해 경제를 조작한다는 생각을 핵심으로 한다. 그러나 정치적 경기순환주기 이론의 시초는 케인스의 경제이론에 회의를 품고 있던 맑시스트 경제학자 칼레츠키(Kalecki)로 연원되며 노드하우스에 의해 새롭게 정립되었다고 할 수 있다.

공공선택론은 후생경제학의 온정적 국가이론에 대해 다음과 같은 비판을 가하였다.

첫째, 온정적 국가이론은 국가연구를 도외시하였다.

둘째, 국가의 온정성(*benevolence*)은 현실적으로 존재하지 않는 단순한 가정에 불과하다.

셋째, 집단행동(*collective action*)과 정치실패의 문제를 간과하고 있다.

공공선택론자들은 국가라는 변수를 그들의 분석틀에서 외생변수가 아닌 내생변수로 간주하기 시작하였다. 앞서 언급하였듯이 공공선택론은 온정적 정부가 시장체계의 불안정을 해결하기 위해 경제를 관리한다는 생각을 정면으로 부인한다. 이에 따라 정치적 경기순환주기이론가들은 이기적인 정당이나 정부가 재선을 목적으로 경제에 불안정을 초래한다는 주장을 펴고 있다. 또한 공공선택론의 관점은 투표자들이 정부의 경제적 성과에 따라 투표한다고 가정한다. 따라서 투표자들이 낮은 실업률과 낮은 물가상승률을 선호하며 이 경제변수들의 상황에 따라 투표한다는 가정을 전제로 한다.

다시 말해서 정치적 경기순환주기이론의 기본적 생각은 정부의 재

〈그림 1-8〉 정치 · 경제 상호작용 함수

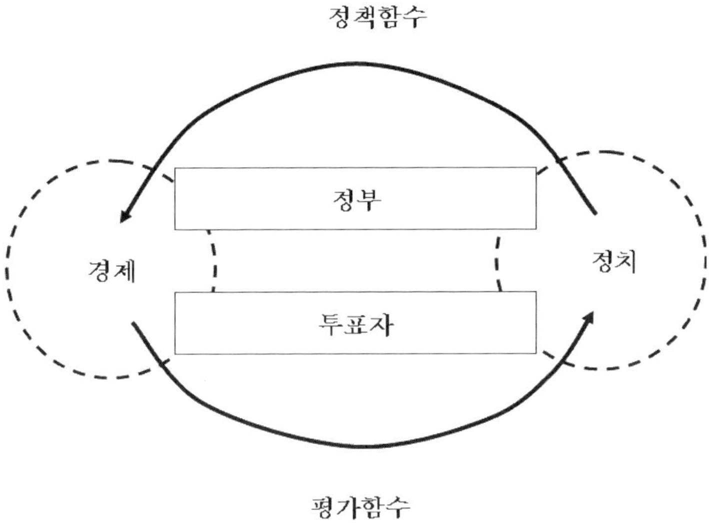

출처: Frey (1978b), p. 204.

선기회가 투표자의 현 정부에 대한 경제성과 평가, 곧 경제상황에 달려있으며, 정부는 재선이나 이념과 같은 효용함수를 극대화하기 위해 경제를 조작한다는 것이다.

정부(정당)와 투표자, 정치와 경제 간의 일반적 상호관계는 〈그림 1-8〉과 같이 도식해 볼 수 있다. 평가함수(*evaluation function*)는 투표자를 통해 경제가 정치에 미치는 영향력을 나타내고 정책함수(*policy function*)는 정부를 통해 정치가 경제에 미치는 영향력을 나타낸다 (Frey, 1978b).

정치적 경기순환주기이론 연구의 중요성은 다음과 같은 3가지 측면에서 찾아볼 수 있다.

첫째, 정치적 경기순환주기이론은 경기변동의 원인을 규명할 수 있는 새로운 기반을 제공할 수 있다는 것이다. 전통적으로 경기변동의 원인을 외생적 혹은 예측치 못한 충격, 안정화 정책의 타이핑 오류, 구조화된 불안정성 등에서 찾아왔다. 이에 반하여 정치적 경기순환주기이론은 현대 민주주의 체제하에서의 경기변동 원인을 비교적 짧은 선거기간과 정당 간의 선거경쟁의 행태에 돌리고 있다.

둘째, 정치적 경기순환주기이론은 사회주의 경제체제에서의 경기변동을 설명하는 데 시사점을 제공할 수 있다. 투자결정이 철저히 집권적으로 이루어지는 사회주의 경제하에서 경기변동 현상은 찾아볼 수 없어야 하지만, 자본주의 체제는 물론 사회주의 체제에도 경기변동이 존재한다는 것은 기정사실이다. 러페이(Lafay, 1981)는 정치적 경기순환주기이론의 맥락에서 동구 사회주의국가들의 정권교체현상을 경제변수의 변화를 가지고 실증적으로 연구하였다.

셋째, 정치적 경기순환주기이론의 규범적 시사점은 정치적 경기순환주기가 경제적으로 바람직하지 못한 결과를 가져온다는 것이다. 정치적 경기순환주기가 산출하는 경제적 균형은 최적의 상태가 아니며 (*sub-optimal*), 최적의 상태보다 낮은 실업률과 높은 물가상승률의 상태이다. 정부가 재선을 목적으로 경제정책을 조작하지 않는 경우 국민(투표자)에게 경제적 증진(*better-off*)을 가져올 수 있다. 따라서 정치적 경기순환주기 현상을 제거하거나 극소화시키는 방안에 대한 연구에 규범적 전제가 된다(Lindbeck, 1976).

| 제 2 장 |

정치적 경기순환주기의 경제적 효과

1. 터프트의 경제적 효과

많은 정치경제학자들은 경제의 정치적 통제(*political control of the economy*), 즉 정치적 경기순환주기가 산출하는 경제적 균형은 최적의 상태가 아님을 강조한다. 따라서 정부가 재선을 목적으로 경제정책을 조작하지 않으면 파레토 개선(*Pareto improvement*)을 가져올 수 있으므로 경제정책의 비정치화(*depoliticization*)를 주장한다.

터프트(Tufte, 1978: 143~144)의 교시적 설명은 경제의 정치적 통제에 따른 사회적 비용을 쉽게 이해하는 데 유용하다. 예컨대, 신행정부가 실업률이 높은 상태에서 출범하였고, 임기 4년 동안 실업률을 2% 감소시키려는 정책의지와 정책수단을 보유하고 있으며, 2% 실업률 감소가 가치 있는 일이라고 생각하는 유권자들이 있다고 가정하자. 다른 요인들은 일정하다고 가정하면 공익의 경로(*public interest path*)는 가능한 기간 동안에 가능한 빨리 실업률을 감소시키는 것이라 할 수 있다. 반면 행정부는 투표자들이 실업률 변화의 수준에 반응한다고 생각한다.

〈그림 2-1〉 정치적 경기순환주기의 사회적 비용

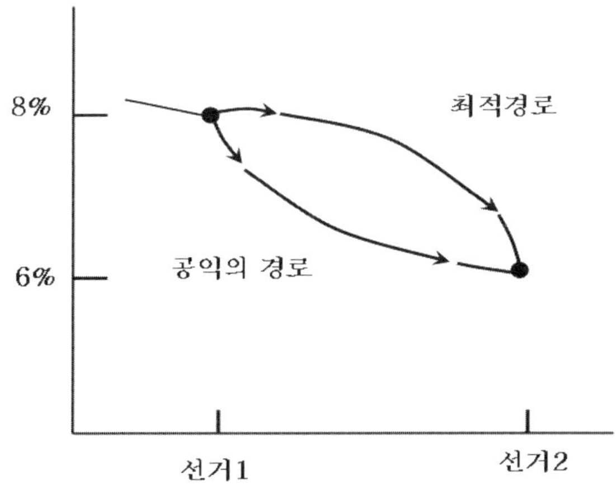

출처: Tufte(1978), p. 144.

따라서 공익의 경로를 따를 경우 차기선거(선거 2)가 가까워졌을 때 실업률 감소가 거의 없으므로 경제정책이 평면적이라는 인상을 주지만 행정부의 최적경로(*optimal path for incumbent administration*)를 따를 경우 선거 즈음에 실업률이 급감하여 경제정책이 입체적이라는 인상을 주어 득표수를 극대화할 수 있다. 공익의 경로와 현 정부의 최적경로의 차이로 발생하는 면적이 바로 경제의 정치적 통제, 즉 정치적 경기순환주기가 가져다주는 사회적 비용이다(〈그림 2-1〉 참조).

2. 노드하우스의 경제적 효과

노드하우스의 정치적 경기순환주기이론은 세 가지 차원의 가정에 근거한다.

첫째, 정부, 정당, 행정부는 선거에 이기기 위하여 경제를 조작한다. 물론, 이 가정은 경제적 여건이 선거의 결과에 영향을 미친다는 것을 전제로 하며, 경제적 여건을 잘 다룰수록 정부의 지지도(*the popularity of governments*)가 높아진다. 둘째, 투표자들은 경제적 결과(낮은 실업률과 안정된 물가)에 따라 정부를 평가하며 근시안적으로(*myopic*) 경제여건을 평가하므로 선거에 근접한 시기의 경제상태에 가장 큰 비중을 둔다. 셋째, 경제구조 면에서 전형적인 필립스 곡선(*Phillips Curve*)의 가정[1]에 입각한다. 필립스 곡선은 다음과 같은 특징을 가진다. 첫째, 물가상승률과 실업률 사이에는 역의 상관관계(*trade-off*)가 존재한다. 즉, 높은 실업률은 물가상승률의 하락을 수반하며 낮은 실업률은 물가상승률의 상승을 가져온다. 둘째, 장기 필립스 곡선의 기울기가 단기 필립스 곡선의 기울기보다 더 경사가 급하다. 곧 장기적으로보다는 단기적으로 실업률의 하락이 더 작은 물가상승률의 상승을 가져온다.[2] 장기적, 단기적 필립스 곡선의 기울기 차

---

1) 필립스 곡선은 원래 임금상승률과 실업률 사이의 관계로 표시되었지만 일반적으로 물가상승률과 실업률 사이의 관계로 표시된다.

2) 필립스 곡선의 존재여부와 관련해 주장들이 대립된다. 프리드만과 같은 통화론자는 자연실업률가설(*natural rate hypothesis*)을 통하여 단기적으로는 몰라도 장기적으로는 물가상승률과 실업률 사이에 역의 상관관계가 존재하지 않으며, 장기적 필립스 곡선은 수직선이라고 주장한다. 루카스(Lucas)나 사전트(Sargent) 같은 합리적 기대가설론자(*Rational Expectations Hypothesis*)들은 단기적으로나 장기적으로나 역의 상관관계가 존재하지 않는다고 주장한다. 이들은 합리적 기대가설론자 중에서도 극단적인 견해를 피력하는 바 정부의 안정화 정책은 경제에 영향을 전혀 미칠 수 없다는 경제정책의 중

〈그림 2-2〉 장 · 단기 필립스 곡선

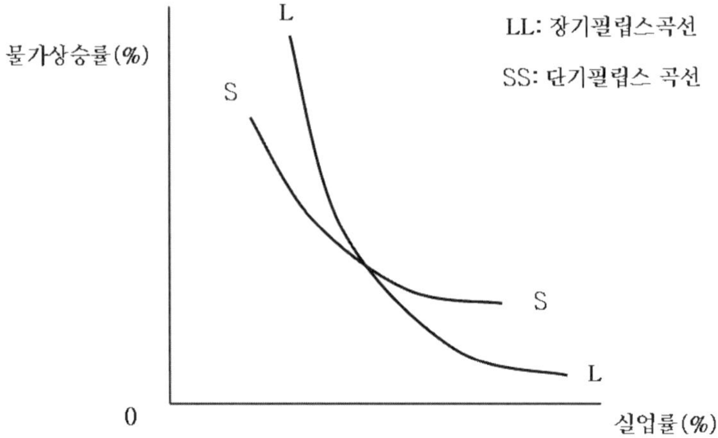

출처: Nordhaus(1975), p. 171에서 재구성.

이는 두 가지의 기본적인 이유 때문이다. 첫째로는 실업과 물가상승률 간에 시차(*time lag*)가 존재하기 때문이다. 보통 실업률은 명목임금에 영향을 미치고 명목임금은 다시 물가에 영향을 미친다. 따라서 단기적 효과가 장기적 효과보다 덜하다. 둘째로는 물가로부터 임금의 환류효과가 있기 때문이다. 높은 물가상승은 사람들로 하여금 미래에 높은 물가상승을 예상케 한다. 이렇게 높게 예상된 물가상승은 노동조합이나 노동자들로 하여 임금인상을 부추긴다. 이 또한 장기 필립스 곡선의 기울기가 단기곡선보다 가파른 관계를 가지는 요인이다.

〈그림 2-2〉는 필립스 곡선의 이러한 특성을 더욱 쉽게 나타낸다. 투표자들은 낮은 실업률과 안정된 낮은 물가상승률을 선호하며 실업률과 물가상승률이 낮을수록 정부는 보다 많은 득표수를 얻게 될 것이

립성 가설(*policy-neutrality hypothesis*)을 제안하였다. 다음에 언급될 알레지나(Alesina)는 합리적 기대가설론자의 가정에 입각하며 루카스의 공급함수를 사용한다.

〈그림 2-3〉 등득표율곡선

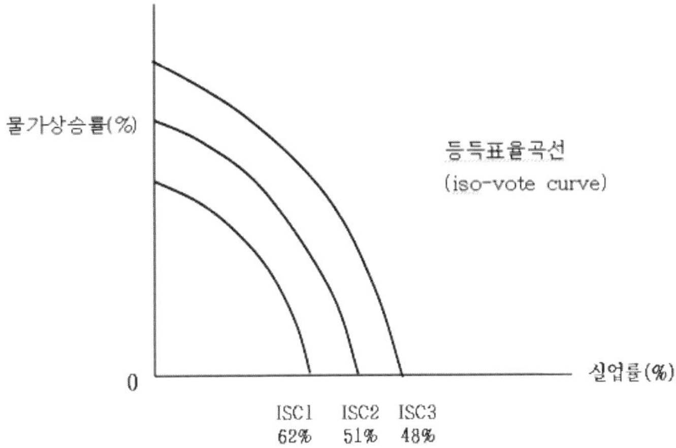

출처: Nordhaus(1975), p. 176에서 재구성.

〈그림 2-4〉 근시안적 정책과 장기정책의 균형

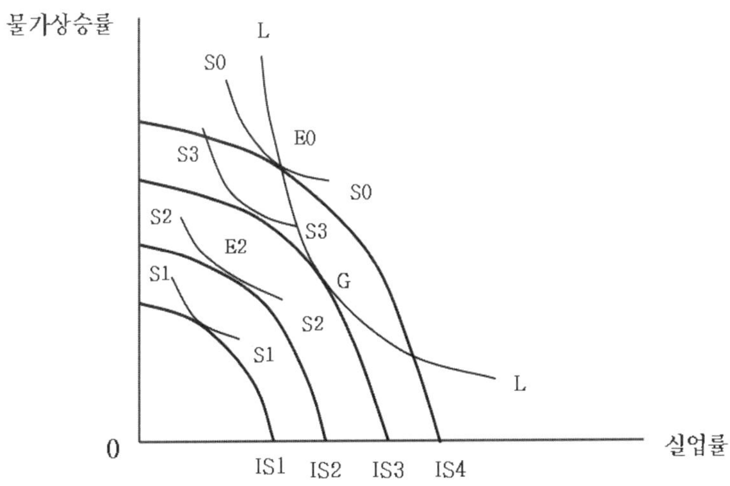

출처: Nordhaus(1975), p. 172에서 재구성.

다. 〈그림 2-3〉은 이런 관계를 보여준다. 원점에서 멀어질수록(물가상승률이나 실업률이 높아질수록) 득표율은 떨어진다(52% → 48%). 따라서 정부(정당, 행정부)는 선거득표율과 관련하여 물가상승률과 실업률의 최적결합점을 필립스 곡선에 반영된 경제적 제약조건 아래 찾으려 할 것이다. 정부는 주어진 단기 필립스 곡선과 가능하면 가장 높은 득표율을 가져다주는 등득표율곡선(*iso-vote curve*)에 접하는 점을 선택할 것이다.

〈그림 2-4〉에서 만약 S2S2가 주어진 단기 필립스 곡선이면 E2점이 제약조건 내에서 가장 높은 득표율을 가져다준다. 그러나 E2점이 장기 필립스 곡선(LL)의 왼쪽에 위치하면, E2점은 단기적으로 유지될 수 있는 균형점이며 단기 필립스 곡선은 계속 위로 이동하게 되는데, 선택된 정책의 균형점 E0(단기 필립스 곡선 S0S0상) 또한 장기 필립스 곡선상(LL)에 있을 때까지 이동된다. 장기곡선상의 G점은 장기적으로 정부에 가장 높은 득표율을 주는 안정된 균형점이다. 그러나 재선만이 최대목표인 정부(정당)는 오직 현재만을 중시하는 근시안적 정책(*pure myopic policy*)을 추구하며 일련의 이런 결정들의 균형점은 E0인 것이다.

따라서 민주주의사회에서 미시안적 정책결정들의 결과로 얻어진 장기균형점은 최적의 상태보다 낮은 실업률과 높은 물가상승률을 가져다준다.

3. 알레지나의 경제적 효과

알레지나(Alesina)는 게임이론적(*game-theoretic*) 접근을 통하여 다음과 같은 이론을 도출해 냈다. 경제정책에 대한 선호가 서로 다른 두 정당이 각기 근시안적으로 그들의 목적 함수를 극대화한 결과는(*one-shot game*) 최적의 상태가 아닌(*sub-optimal*) 내쉬(Nash)균형을 초래한다. 그러나 만약 두 정당이 협동적이며, 공통적인 정책규칙(*cooperative common policy rule*)을 채택하는 것이 장기적으로 모두를 위해 경제적 개선(*better off*)을 가져올 수 있다는 것이 인식되면, 이러한 경제적 비용의 부담을 피하거나 줄일 수 있다. 이런 협동적 최적 정책(*co-operative optimal policy*)은 두 정당 간의 협상과정의 결과로 얻어지며 개별적으로 가장 선호하는 정책의 중간지점이 될 것이다.

이를 조금 더 구체적으로 살펴보면 다음과 같다. 경제는 전형적인 공급함수로 특징지어진다.

(1) $Y_t = r(\pi_t - W_t) + \overline{Y}\ ;\ r>0$

Y_t: 생산 증가율(*rate of growth of output*)
π_t: 물가상승률
W_t: 명목임금상승률
$\overline{Y}$는 자연실업률(*the natural rate of unemployment*)과 일치하는 생산증가율을 나타낸다. 그리고 임금결정자들(*wage-setters*)은 명목 임금상승률을 예측된 물가상승률과 같게 책정한다.

(2) $W_t = \pi_t^e = E(\pi_t / I_{t-1})$

명목 임금상승률은 t-1시점에서 가능한 모든 정보를 근거로 하여 형성된 물가상승률의 합리적 예측(예컨대, $E(\pi_t / I_{t-1})$)과 같다.

(1)과 (2)로부터

$$(3)\quad Y_t = r(\pi_t - \pi_t^e) + \overline{Y}$$

두 정당의 목적 비용함수는 각각 다음과 같이 성립될 수 있다.

$$(4)\quad Z^D = \sum_{t=0.} q^t Z_t^D = \sum_{t=0.} q^t [1/2(\pi_t - C)^2 - b'Y_t]$$

$$C>0,\ b'>0,\ 0<q<1$$

$$(5)\quad Z^R = \sum_{t=0.} q^t Z_t^R = \sum_{t=0.} q^t [1/2(\pi_t)^2]$$

q는 할인요소(*discount factor*)이며, 두 정당 모두 같다. C는 D당의 최적 물가상승률이다. (4), (5)는 D당(민주당)이 R당(공화당)보다 실업률에 보다 민감하고 물가상승에는 덜 민감하다는 것을 반영한다. 수학적인 간결을 위해 $\overline{Y}=0$으로 가정하면, (3)과 (4)로부터

$$(6)\quad Z^D = \sum_{t=0.} q^t Z_t^D = \sum_{t=0.} q^t [1/2\pi_t^2 - b(\pi_t - \pi_t^e) - C_{\pi t}]$$

$$b = b'r$$

$$Z^D = 'Z^D - 1/2(C^2/1-q)$$

(6)의 비용함수를 얻을 수 있다. 그리고 이로부터 두 정당의 최적 효용곡선(*efficient frontier*)을 도출하면

$$(7)\quad Z^D = ZR - C(2Z^R)1/2$$

(7)과 같은 관계를 도출해 낼 수 있다. 이 곡선은 〈그림 2-5〉와 같이 그려진다. N은 내쉬균형점이고 두 정당간 합의에 도달하지 못하여

〈그림 2-5〉 알레지나 모형의 경제적 효과

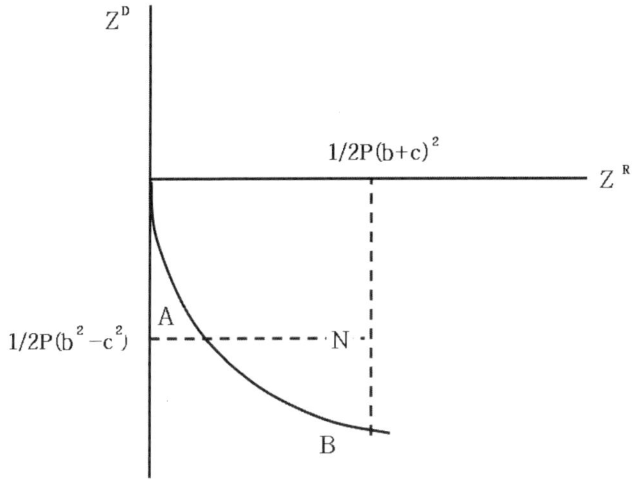

출처: Alesina(1987), p. 661.

각각의 가장 선호하는 정책을 추구한 결과이다. 반면 두 정당간 협상을 통해 합의에 도달한 경우 최적 효용곡선상 AB 두 지점 사이의 모든 합의점은 양쪽 모두에 경제적 개선(*better-off*)을 가져온다.

| 제 3장 |

정치적 경기순환주기의 이론적·실증적 연구 검토

Financial Darwininsts chose to interpret "Natural Selection or the Survival of the Fittest" to mean that their financial fitness can be improved by acquiring "advantages, however slight," over others, and the subjugation of others was natural. It did not matter whether the advantages were merited or not; after all, Darwin wrote "man selects only for his won good."

—Darwin, *The Origin of Species* (Ayoub, World War III Against The Money Trust, 1988)

1. 이론적 연구 : 맑시스트적 관점과 공공선택론적 관점

정치적 경기순환주기이론에 관한 연구는 크게 두 가지 관점에서 진행되었다. 하나는 맑시스트의 관점으로, 경제정책으로 유인된 경기변동이 자본가집단의 이익을 옹호하기 위한 것이라는 맥락이다. 다른 하나는 투표자들이 경제의 성과에 따라 자신의 선호를 표명하며 정부(정당)는 재선을 목적으로 한다는 가정 아래 정치와 경제의 상호작용을 규명하는 측면이다.

1) 맑시스트의 정치적 경기순환주기이론

정치적 경기순환주기라는 용어는 칼레츠키(Kalecki)가 1943년에 처음 사용했다. 케인스와 독자적으로 연구를 하였으나 그의 연구결과는 케인스의 일반이론에서 도출된 결과와 많은 점에서 맥을 같이한다. 그러나 다음과 같은 비관적 견해를 피력한다.

> 자본주의 경제에서 정부가 완전고용의 달성방법을 아는 경우에 완전고용을 유지한다는 가정은 잘못된 것이다. 이런 맥락에서 정부지출에 의한 완전고용에 대해 대기업이 가지는 불안이 무엇보다 중요한 관심사이다(Kalecki, 1972: 75).

칼레츠키와 케인스 모두는 경기변동이 일어나는 중요한 요인으로 총수요를 역설하였으며, 정부지출로 경기변동을 없앨 수 있는 가능성이 있다고 주장하였다. 재정적자를 통해 정부지출을 증대한다는 이 생각은 균형예산을 신봉하는 고전학파의 전통적 이론과 배치된다. 케인스는 자신의 이론에 대하여 확신에 차 있었던 반면 칼레츠키는 앞서 언급한 기업의 이해관계 때문에 경기변동을 제거하는 것은 상당히 어렵고 대신 이는 정치적 경기순환주기에 의해 대치되는 것으로 파악하였다. 맑시스트적 관점에서 그는 자본이 수량일 뿐만 아니라 강압적인 사회적 권력이라고 인식하였으며, 노동자들은 자본이나 생산수단을 소유하고 있지 않다고 생각하였다. 따라서 정부의 완전고용유지에 대한 기업의 반대 이유 세 가지를 들었다.

첫 번째는 기업의 확신(*business confidence*)으로, 투자결정자들의 심리적 태도이다. 기업가의 신념을 불안하게 하는 정부의 어떠한 조치에도 기업가는 원래 투자계획보다 감소된 투자를 한다. 결과적으로 기업의 이해관계는 기업의 확신을 불안하게 하는 것에 신중한 정부를 상당한 정도 간접적으로 통제한다. 만약 정부투자지출의 부족부분이 잘 유지되면 기업의 이러한 간접적 통제의 고삐는 느슨해진다. 정부의 지출이 완전고용을 유지하기 위해 필요한 수준의 투자를 유지한다면 확신을 통한 정부의 통제는 무용지물이 된다.

둘째는 공공지출이 투자와 대중소비에 대한 보조에 어떠한 효과를 주는가에 관한 것이다. 공공재에 대한 공공지출의 기회는 극히 제한되어 있다. 왜냐하면 정부투자가 궁극적으로는 사적으로 생산된 재화와 용역과 경쟁하게 되는 분야에 이루어지며, 부수적으로 사적 이윤을 잠식하게 될 것이라는 자연스러운 불안감이 생기게 될 것이기 때문이다. 대중소비의 보조에 관한 주장은 자본주의의 지배적인 사회관계와 노동자가 반드시 그들의 노동을 팔아야 한다는 필연적 명제에 근거한다. 일반대중(노동자계급)에 대한 보조금은 이러한 노동을 팔아야 한다는 강제성을 약화시키고 사회적 관계를 위협한다.

이 요지는 기업의 반대에 대한 칼레츠키의 세 번째 이유에서 잘 나타나 있다. 완전고용을 창출하려는 기업의 반대가 극복되더라도 완전고용을 유지하려는 정책은 기업가들이 수용할 수 없는 사회적, 정치적 변화를 가져온다. 공장에서는 근본적인 권력의 이동현상이 나타나고 안정성이 위협받게 될 것이다. 그리고 이는 노동자의 실업예비군의 체제에 필수불가결하게 된다.

페이월(Feiwel)은 칼레츠키의 주장을 다음과 같이 확장하였다.

> 기업가가 완전고용정책을 반대하는 가장 중요한 네 번째 이유는 소득재분배를 가져올지도 모른다는 내재적 불안감 때문이다. 그러한 재분배가 이루어지려면 시간이 오래 소요될지도 모르지만… 그것은 중요치 않다. 이러한 궁극적인 위협감만으로도 충분하다(Feiwel, 1974: 33).

완전고용의 유지에 대한 기업의 반대를 설명하는 데 상기의 요인들이 강력한 원천이 된다. 그러나 이러한 요인들이 정부개입에 대한 완전한 기업의 반대를 야기하는 것은 아니다. 경기침체기에 있어서 어느 정도의 경기부양과 투자보조와 같은 지출의 형태는 수용 가능하다. 그러나 개입 완전고용을 영속화하는 방향으로 진행되면 반대는 거세지게 된다.

결과적으로 칼레츠키는 침체기에는 정부가 경기를 개선하려는 정책을 수행하지만 완전고용에 근접한 상황에서는 기업가들의 압력으로 인해 정부지출을 삭감하는 형태의 정치적 경기순환주기를 예측하였다. 정부지출의 삭감은 다시 공공지출을 증가시키게 하는 경제적 침체를 야기하며 그에 따라 주된 목적인 정치적 경기변동의 주기가 발생된다.

페이월(Feiwel)은 이 과정을 다음과 같이 요약한다.

> 이 상황(완전고용)에서는 대기업과 지주 간에 강력한 연합체가 형성될 가능성이 높고, 그들은 이 상황이 불건전하다는 주장을 할 경제학자를 한 사람 이상 찾게 될 것이다. 이러한 모든 세력의 압력이, ― 특히 일반적으로 정부부처에 대하여 가장 영향력 있는 대기업 ― 아마도 정부로 하여금 예산적자를 줄이는 전통적인 정책으로의 복귀를 유도할 것이다. 경기침체가 뒤따르면 다시 정부지출이 증가할 것이다(Feiwel, 35).

앞 논의의 음미를 통해 우리는 칼레츠키의 정치적 경기순환주기에 관련하여 세 가지 주요한 특징을 추출할 수 있다. 첫째, 계급에 근거한 정치적 경기순환주기이다. 자본가계급은 완전고용을 반대한다. 왜냐하면 완전고용이 그들 계급의 이익을 해하기 때문이다. 다시 말해 완전고용은 그들의 적인 노동자 계층의 지위를 향상시키는 조건이기 때문이다. 침체기에 노동자들의 확장정책에 대한 동요는 기업가들의 지지를 얻을 것이지만 완전고용에 근접함에 따라 이러한 지지는 철회될 것이다. 대신 기업은 긴축정책을 요구할 것이며 정부에 대한 그들의 일방적 영향력이 긴축정책을 가져올 것이다. 이 특성은 두 번째 특성으로 연결된다.

'정치적'이란 것이 '선거적'으로 해석되지 않는다면 칼레츠키는 정당정치와 정권교체를 무시할 것이다. 어느 정당이 집권하더라도 정부와 기업의 관계는 변하지 않을 것이다. 비록 선거의 결과에 대하여 어느 정도의 불확실성이 있으며 집권초기에는 약간의 문제가 발생하더라도 집권기간 동안의 생존을 위하여 정부와 기업 간의 옛날 관계는 다시 구성되어야만 한다. 기업은 이러한 특별한 관계를 유지하기 위하여 의회 밖에서 적극적인 행동을 취한다.

마지막으로 칼레츠키의 정치적 경기순환주기는 이념의 개념과 특히 경제문제에서의 건전함을 최우선으로 하는 해석에 근거한다. 건전함이 균형예산(또는 소폭의 적자), 자유경쟁시장의 존재와 효율성에 대한 믿음 그리고 정부개입에 대한 제한된 역할을 수반하는 경우, 이는 경제적 사고에 대한 기업이익의 정치적 지배권으로 귀결된다(Locksley, 1980: 178~181).

칼레츠키의 이론을 필두로 맑시스트 정치경제학자들은 단기 경제정책과 경기변동을 계급갈등의 차원에서 설명·해석하였다. 보디(Boddy)와 크로티(Crotty)는 정치적 경기순환주기이론의 맑시스트 관점을 다음과 같이 요약한다.

> 거시경제정책의 목표는 경기변동주기를 없애려고 하기보다는 자본가 계층의 이익을 유도함에 있다(Boddy and Crotty, 1975: 10).

맑스(Marx)에 있어 계급갈등의 뿌리는 경제의 기본구조에 있다. 임금과 이윤에 관한 자본과 노동의 갈등이 순환적 호황기(*booms*)와 침체기(*slumps*)를 초래한다. 확장기의 실업예비군(*the reserve army of the unemployed*)의 감소는 노동자들로 하여금 보다 높은 실질임금을 협상할 수 있도록 한다. 그러나 호황기의 절정에서 이윤은 감소하기 시작한다. 따라서 이런 이윤의 감소는 자본가들로 하여금 확장기를 종료시키는 수단을 강구케 하며 따라서 실업예비군이 증가한다.

완전고용정책은 자본가들의 노동자에 대한 통제력을 잃을 수 있기 때문에 그들의 이해와 상반된다고 주장하였다. 자본주의적 정치 및 사회 통제를 유지하기 위하여 국가는 계속적인 완전고용정책을 추구하지 않는다. 높은 고용의 기간이 자본가계급의 반대를 부추길 만큼 충분히 경과될 때마다 국가는 불황을 초래하는 긴축정책을 추구하기 때문이다.

보디(Boddy)와 크로티(Crotty)는 최근 거시경제적 정책의 목표는 기업이윤의 극대화에 있으며, 이 목표의 수행은 경기변동이 필수적이라고 주장하였다. 2차대전 후의 경험적 증거를 기초로 하여 자본주의 국가의 경제정책은 이윤추구를 목표로 하며 위기의 부담을 노동계층에 전가시킨다는 것을 밝혀냈다. 경기순환의 최고점에서 자본주의 국가는 높은 고용률이 높은 임금비용을 가져다주므로 이 비용을 낮추기 위해 여러 가지 수단을 동원한다고 그들은 지적하였다.

이와 같은 맑시스트들의 정치적 경기순환주기에 관한 견해는 〈그림 3-1〉을 통해서 잘 설명될 수 있다. 경제가 회복기로부터 출발된다고 할 때 노동임금은 계속 떨어지다가 A의 전환점에 극소가 된다. 호황기에는 노동임금이 오르기 시작하여 경기후퇴기의 1단계(수축기)까지 계속되나 경기후퇴기의 2단계(C기)부터 떨어진다.

〈그림 3-1〉 맑시스트의 정치적 경기순환주기

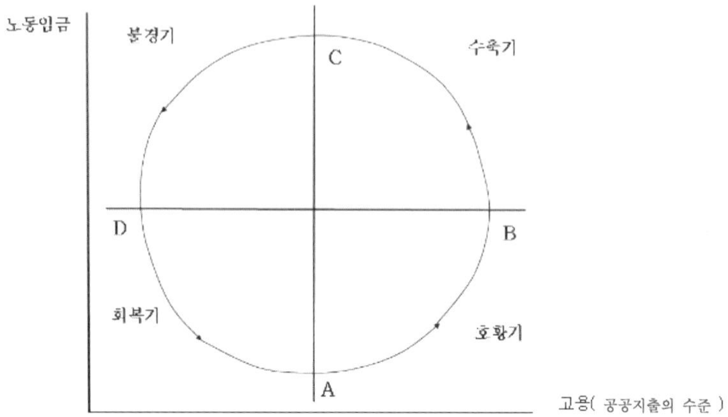

출처: Van Den Broeck(1988), p. 71.

2) 공공선택론적 관점의 정치적 경기순환주기이론들

공공선택론에 입각한 정치적 경기순환주기모형들은 〈표 3-1〉과 같이 분류해 볼 수 있다. 이 표는 정당(정부) 유형과 투표자유형의 두 차원에 의한 결합으로 구성된다. 정당(정부)은 최적형(*optimizing*)과 만족형(*satisficing*)의 두 유형이 있으며, 최적형에는 다시 재집권-유인적(*office-motivated*) 유형과 이념-유인적(*ideology-motivated*) 유형으로 세분할 수 있다. 그리고 투표자는 과거지향적(*retrospective*) 투표행태와 미래지향적(합리적) 투표행태(*forward-looking, rational*)를 보이는 두 유형으로 분류된다. 이 두 차원의 결합에 따라 다양한 형태의 모형이 개발되었다.

〈표 3-1〉 정치적 경기순환주기모형의 유형

정부(정당)

		최적형		만족형	
		재집권유인적	이념유인적	재집권유인적	이념유인적
투표자	과거지향적	P1. Nordhaus	P3. Hibbs	P6. Mosely	P7. Frey-Schneider
	미래지향적	P2. A. Persson-Tabellini B. Rogoff-Sibert	P4. Alesina-Sach P5. Minford-Peel		

3) 최적모형

P1. 기회주의적(전통적) 모형: 노드하우스 모형(1975)

노드하우스에 의해 제안된 전통적인 정치적 경기순환주기 모형은 다음과 같은 일곱 가지 가정에 입각한다(Alesina, Roubini and Cohen, 1997: 17~21).

① 경제는 예측-증가적 필립스 곡선(*expectation-augmented Phillips curve*)에 의해 특징지어진다. 이 가정은 다음과 같이 표현된다.

(1) $y_t = \overline{y} + r(\pi_t - \pi_t^e)$; $r>0$

여기서 y_t는 GNP성장률, π_t는 물가상승률, π_t^e는 예측 물가상승률, $\overline{y}$는 자연 성장률을 의미한다.

② 물가상승에 대한 예측은 적응적(*adaptive*)이다.

$$(2)\quad \pi_t^e = \pi_{t-1} + \lambda(\pi_{t-1}^e - \pi_{t-1})\ ;\ 0<\lambda<1$$

식 (2)는 과거에 대한 예측이 올바르다면 예측 물가상승률과 과거의 실제물가상승률은 같다는 것을 나타낸다. 그렇지 않으면 현재의 예측은 과거의 예측오차를 조정하여 이루어진다. λ계수는 현재 예측에 있어 과거의 오차에 대한 반응의 정도를 나타낸다. 예컨대 λ계수 값이 작을수록 현재의 예측이 과거의 예측과 더욱 근사하다. 중요한 것은 현재의 예측이 과거의 물가상승에 대한 관찰에만 의존한다는 것이다. 따라서 모든 유용한 정보를 고려하지 않는다. 특히 정책결정자의 미래 정책에 대한 예측에는 전혀 의존하지 않는다. 이러한 이유로 예측은 합리적이지 않다.

③ 정치인들은 동일한 선호를 가진다. 그들의 유일한 목표는 재선되는 것이다. 앞서 〈표 3-1〉에서 재집권 유인적인 행태를 보인다는 것을 의미한다.

④ 선거게임에 있어 플레이어는 집권자와 도전자 둘만이 존재한다.

⑤ 투표자들은 성장을 좋아하고 물가상승과 실업을 싫어한다. 투표자들은 과거 지향적이다. 그들은 집권기간 동안 경제성과(낮은 실업과 물가상승, 높은 성과)를 달성한 집권자에게 투표한다. 투표자들은 과거를 아주 심하게 할인한다. 따라서 선거 직전의 경제적 성과가 먼 과거의 경제적 성과보다 투표의사결정에 지대한 영향을 끼친다.[1)]

---

1) 맥크레이(MacRae, 1977)는 노드하우스 모형의 가정들 중에서 투표자는 과거지향적이며 근시안적(*myopic*)이라는 ⑤의 가정에 대안적으로 투표자가 전략적(*strategic*)인 경우의 정치적 경기순환주기의 형태에 관해 분석하였다. 여기서 전략적이란 합리적(*rational*)이란 표현과 동일하게 사용될 수 있다. 또한 노드하우스의 총투표효용함수 $g(u_t, \pi_t) = -u^2 - \beta\pi,\ \pi \geq 0,\ \beta>0$ 대신에

⑥ 정책결정자는 총수요와 관련하여 정책수단을 결정적으로 통제할 수 있다. 정책수단은 통화정책이나 재정정책 중에서 선택할 수 있다.

⑦ 선거의 시기는 외생적으로 주어진다.

위의 가정을 전제로 노드하우스에 의해 제시된 정부(집권당)의 목적함수(*objective function*)는 (3)과 같다.

(3) $V_T = g(u_t, \pi_t) e^{\mu t}\ dt$

득표율은 실업률(u)과 물가상승률(π)에 의존하며 T는 선거주기로 고정되어 있고 μ는 투표자의 기억력감소율(*decaying rate of memory*)로 선거시점에 극대치를 가지며, 그 이후로 0의 값을 갖는다. 이는 곧 투

$W_t = W(X_i, U_i) = 1/2 \cdot qX_i^2 + 1/2 \cdot rU_i^2$ (단 π, X는 물가상승률, U는 실업률, q와 r은 각각 X와 U의 가중치를 의미한다)의 총투표손실함수를 설정하였다. 앞서 언급하였듯이 근시안적이고 과거지향적인 투표자들은 경제적인 결과(낮은 실업률과 안정된 물가)에 따라 정부를 평가하며 근시안적으로 경제여건을 평가하므로 선거에 근접한 시기의 경제상태에 가장 큰 비중을 둔다. 반면 전략적 투표자들은 미래지향적이므로 선거 후의 경제상태를 예측하고 그에 따라 합리적으로 투표한다. 따라서 근시안적 투표자를 가정하는 경우 정부의 시계(*time-horizon*)는 유한하며(*finite*), 일회성 게임(*oneshot game*)을 전제로 한다. 따라서 다가올 선거에서 재선이 의사결정의 시간적 제약조건인데 반해 전략적 투표자의 경우 정부는 무한의 시계(*indefinite time horizon*), 반복게임(*repeated game*)의 전제하에 총투표손실함수를 극소화하는 정책을 추구하며 그 장기균형점은 사회적으로 최적이 된다. 따라서 투표자가 전략적으로 투표하면 사회적으로 최적이 아닌 노드하우스 모형의 정치적 경기순환주기를 방지할 수 있다.

근시안적 투표자와 전략적 투표자의 가정에 대하여 맥크레이는 미국의 4개 행정부를 대상으로 검정해 본 결과 2개의 행정부는 미시안적 가정이 다른 2개의 행정부는 전략적 가정이 각각 설명력이 있다는 결과를 제시하였다. 맥크레이 모형에 대하여는 〈부록 2〉 참조.

표자의 미시안적(*myopic*) 경제평가를 함축한다.

정부는 다음과 같은 경제적 제약조건에 직면하고 있다.

(4) $\pi_t = f(u_t) + \lambda \cdot \upsilon_t$

(5) $\dot{\upsilon}_t = r(\pi - \upsilon_t)$

υ_t는 예측물가상승률(*expected rate of inflation*)이며, (4)는 필립스 곡선을 나타내는 방정식이고 (5)는 물가상승에 대한 예측이 적응적으로 이루어짐을 의미한다. 위의 방정식들로부터 관계를 도출하기 위해서 다음과 같은 구체적인 함수의 설정이 필요하다.

(6) $g(u_t, \pi_t) = -u^2 - \beta\pi, \quad \pi \geq 0, \quad \beta > 0$

(7) $f(u) = \alpha_0 - \alpha_1 u, \quad \alpha_0 > 0, \quad \alpha_1 > 0$

(8) $\pi_t = \alpha_0 - \alpha_1 u + \lambda \cdot \upsilon_t$

상기의 방정식은 (9)의 투표함수와 (10)의 제약조건으로 재정리된다.

(9) $V_T = \int_0^T [-\beta\alpha_0 - u^2 + \beta\alpha_1 u - \beta\lambda \cdot \upsilon_t] e^{\mu t} \, dt$

(10) $\dot{\upsilon} = r[\alpha_0 - \alpha_1 u - (1-\lambda)\upsilon]$

해밀토니안(Hamiltonian)함수를 사용하여 위의 극대화문제를 다시 정리하면 (11)과 같다.

(11) $H = e^{\mu t}\{[(\beta\alpha_1 u - \beta\alpha_0 - u^2 - \beta\upsilon)] + \psi r[\alpha_0 - \alpha_1\mu - (1-\lambda)\upsilon]\}$

그리고 ψ와 $\dot{\upsilon}$는 각각 (12), (13)과 관계가 성립된다.

(12) $\dot{\psi} = [r(1-\lambda) - \mu]\psi + \beta\lambda$

(13) $\dot{\upsilon} = r[\alpha_0 - \alpha_1 u - (1-\lambda)\upsilon]$

여기서 변수 ψ 사회후생의 관점이 아닌 투표자의 관점에서의 물가에 대한 잠재가격을 의미한다. (12)와 (13)의 주어진 조건아래 H의 극대화 조건은 (14) 또는 (15)와 같다.

(14) $\partial H/\partial u = 0 = \beta\alpha_1 - 2u - \psi r\alpha_1$

(15) $u = \alpha_1[\beta - \psi r]/2u$

(15)를 ψ의 시간에 대하여 미분하고 (12)의 $\dot{\psi}$와 ψ을 대입하면, (16)의 관계를 얻는다.

(16) $\dot{u} = Au + B$

단, $A = r(1-\lambda) - \mu$, $B = -1/2\alpha_1\beta(r-\mu)$ 이다.

여기서 선거가 다가옴에 따라 미래 물가의 잠재가격은 0($t \to 0$, $\psi \to 0$)이 되며, $u = \beta\alpha_1/2$에 수렴하게 됨을 알 수 있다. 그리고 식(16)을 Θ에 관하여 역으로 적분하면 (17)과 같은 식을 얻게 된다.

(17) $u^*(t) = (\beta\alpha_1/2 + B/A)\exp[A(t-\Theta)] - B/A$

이로부터 정치적 경기순환주기에 대한 특성을 쉽게 알아낼 수 있다. 첫째로 실업률은 선거주기 동안 계속 떨어진다. A값의 부호(+ 또는 -)에 따라 실업률의 하락속도가 전반부보다 후반부에 상대적으로 빨라지는 것이 결정된다. 그리고 노드하우스 모형으로부터 도출된 정치적 경기순환주기는 '선거직후 정부는 물가상승률을 잡기 위하여 실업률을

〈그림 3-2〉 노드하우스의 PBC

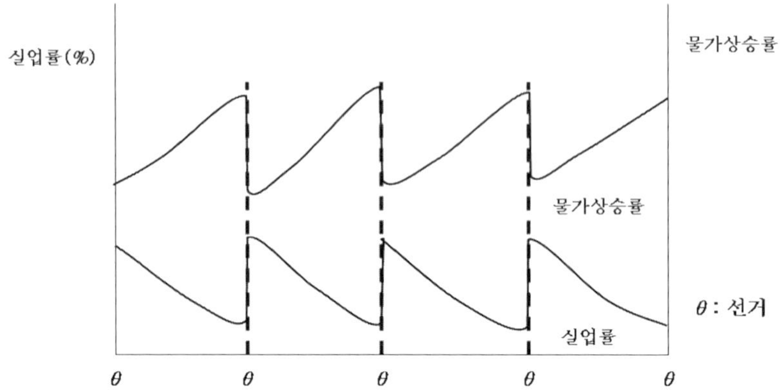

높이는 긴축정책을 추구하며 선거가 다가오면 근시안적인 정책하에 실업률을 낮추는 팽창정책을 쓴다'는 것을 보여준다.

〈그림 3-2〉는 위와 같이 정치적으로 유인되는 경기순환주기의 유형을 미국의 사례를 통해 보여주고 있다.

P2. 합리적 기회주의 모형(Rational Opportunistic Models)

A. 퍼슨-타벨리니 모형

퍼슨과 타벨리니(Persson-Tabellini, 1990)는 노드하우스의 가정을 수정하여 다음과 같은 가정을 세웠다(Alesina, Roubini and Cohen, 1997: 23 ~28).

첫째, 경제는 유능성의 항(*competence term*, ε_t)을 포함하는 필립스 곡선으로 설명되며 다음의 방정식으로 표현된다.

$$(18)\ y_t = \bar{y} + \pi_t - \pi_t^e + \varepsilon_t$$

여기서 유능성의 항은 정부의 문제해결과 효율적인 경제관리 능력을 의미한다. 유능한 정부는 주어진 물가와 기대되는 물가에 대해 자연성장률을 증가시킬 수 있다. 유능성의 항은 다음과 같은 시차구조를 가진다.

(19) $\varepsilon_t = \mu_t + \mu_{t-1}$

$E(\mu_t) = 0$은 모든 t에 대하여 방정식(19)는 유능성이 지속적이라는 가정을 구체화한다. 방정식(2)의 MA(1)은 사실상 t시점의 유능성이 현재의 부분과 이전 시점의 실현을 포함하는 것을 함축한다. 만약 선거 이후에 상대정당의 후보가 현 정권의 후보에 승리하여 정권이 바뀐 경우 현 정부의 유능성은 이월되지 않는다. 상대후보의 유능성 값은 신거 시점에 0으로 정상화되어 있다. 따라서 상대후보가 t시점 종료 시에 선거에서 승리하면 $\varepsilon_{t+1} = \mu_{t+1}$과 $\mu_t = 0$이라는 등식이 성립된다. MA(1) 모형설정이 편리한 이유는 두 시점을 넘어서 유능성이 이월되는 것을 허용하지 않기 때문이다.

둘째로, 물가상승에 대한 예측은 합리적이다.

(20) $\pi_t^e = E(\pi_t \mid I_{t-1})$

여기서 I_{t-1}은 t-1시점 투표자에게 유효한 정보를 의미한다.

셋째로, 노드하우스의 가정을 약간 수정하여 정치인들은 동일하게 재선뿐만 아니라 사회후생에도 어느 정도의 가중치를 둔다고 가정한다.[2)]

넷째로, 모든 선거에서 두 후보자(정당)만이 경쟁한다. 다시 말해 집권자(당)와 도전자(당)가 존재한다.

2) 노드하우스는 정치인들은 오직 재선만을 선호한다는 가정을 세웠다.

다섯째로, 투표자들은 자신들의 다음과 같이 주어진 효용함수를 극대화시키는 정책결정자에게 투표한다. 모든 투표자들은 동일한 효용함수 U를 가진다.

$$(21)\quad U = E\{\sum_{t=0}^{\infty}\beta^t \mu(\pi_t,\ y_t)\}\ ;\ 0<\beta<1$$

(21)에서 β는 할인요인이고, $\mu(\pi_t,\ y_t)$는 (22)와 같이 정의된다.

$$(22)\quad \mu(\pi_t,\ y_t) = -1/2(\pi_t^2) + b\,y_t;\ b>0$$

방정식(22)에서 투표자들은 가격안정과 성장을 선호한다. 사실상 물가의 목표상승률은 0%이고 높은 성장은 선형적으로 효용수준을 증가시킨다. 계수 b는 높은 물가상승의 대가에 대한 상대적인 성장의 편익을 나타낸다.

여섯째로, 정책결정자는 물가를 직접 통제할 수 있다.

일곱째로, 선거의 시기는 외생적으로 결정된다.

위의 가정을 전제로 한 퍼슨-타벨리니 모형의 해를 구하기 위하여 무엇보다도 우선적으로 유능성의 값은 두 가지 값만 가질 수 있다고 가정한다. 즉 높은 μ값($\bar{u}$)과 낮은 μ값($\underline{u}$)으로 다음과 같이 표기된다.

$$(23)\quad \mu_t = \bar{u}>0\ \ (\rho\text{의 확률})$$
$$\underline{u}<0\ \ (1-\rho\text{의 확률})$$

따라서

$$(24)\quad E(\mu_t) = \rho\,\bar{u} + (1-\rho)\,\underline{u} = 0$$

투표자들은 (23), (24) 에서와 같이 μ_t의 분포를 알고 있으며, μ_t의 비조건부 기대치가 0임을 알고 있다. 그럼에도 불구하고 투표자들은 유능성(ε_t) 을 관찰할 수는 없다. 투표자들은 t시점에 y_t와 π_t^e는 관찰할 수 있지만 π_t는 알 수 없다. π_t는 t+1 시점에 알게 된다. 이와 같은 시차로 인하여 투표자들은 한 시점 늦게 유능성에 대하여 알게 된다. 즉 t+1시점에 유능성(ε_t) 을 계산할 수 있게 된다. 달리 말하자면 t시점에 투표자들은 μ_{t-1}은 알 수 있지만 μ_t는 알 수 없다.

특히 이 모형에서 물가가 한 시점의 시차를 두고 관찰된다는 가정은 핵심적이다. 물가가 성장과 동시에 관찰될 수 있다면, 유능성은 다음의 방정식(25) 를 계산하면 구할 수 있다.

$$(25)\quad \varepsilon_t = y_t - \bar{y} - \pi_t + \pi_t^e$$

만약 유능성이 관찰될 수 있으면 이 모형에서는 정치적 경기순환주기가 발생하지 않게 된다. 이 모형은 식별 가능한 균형(*separating equilibrium*) 과 식별 불가능한 균형(*pooling equilibrium*) 이 존재할 수 있다. 식별 가능한 균형에서는 두 유형의 정책결정자들이 그들의 유능성을 나타내는 정책을 선택할 수 있으므로 투표자들이 집권자가 높은 유능성의 수준(μ) 이나 낮은 유능성의 수준(μ) 을 가지는지를 t의 선거시점에 알 수 있다. 그러나 식별 불가능한 균형에서는 유능한 정책결정자와 유능하지 못한 정책결정자가 모두 같은 수준의 성장정책을 선택하기 때문에 집권자의 유능성에 대해 어떤 추론도 할 수 없다.

식별 가능한 균형에서 발생되는 정치적 경기순환주기의 특성에 대해 살펴보자. 투표자의 효용함수는 동일하므로 도전정당의 유능성 기대수준(0으로 정상화되어 있는) 대비 집권정부의 유능성 기대수준에 대한 인식이 무엇보다 중요하다. 다시 말해서 투표자들은 유능한 정책결정자를 선호하므로 집권자의 유능성 기대치가 도전자의 기대치(0) 보다 높으면 재선된다. 따라서 집권자는 가능한 한 투표자들에게 유능하게 보이려고 할 것이다. 예컨대 μt = $\overline{u}$를 실현화한 유능한 정책결정자는 이 정보를 투표자들과 공유하는 것을 선호할 것이다. 이를 위하여 유능한 정책결정자는 유능하지 못한 집권자가 도달할 수 없는 성장의 수준을 달성해야 할 것이다. 이 성장 수준을 $y^s > \overline{y}$ 라고 정의하면 정책결정자는 y^s를 달성하기 위하여 기대수준보다 높은 물가상승률의 수준을 선택할 것이다. 반면 정의에 의해 유능하지 못한 정책결정자는 y^s의 수준에 도달할 수 없기 때문에 한 시점에 국한하여 최적의 물가상승률을 선택할 것이다. 투표자는 사전에 두 유형의 정책결정자 간에 유능성의 차이를 알 수 없다. 따라서 기대 물가상승수준은 유능한 정책결정자의 높은 물가상승수준의 평균이며, 평균은 집권자의 특성에 관한 투표자의 신념에 의거하여 계산된다.

따라서 선거가 있는 해의 실제 물가상승률은 유능한 정책결정자의 경우는 기대수준보다 높은 반면 유능하지 못한 정책결정자의 경우는 기대수준보다 낮다. 이런 이유로 이 모형은 두 가지의 중요한 결과를 도출한다. 하나는 한 유형의 정책결정자에 의한 정치적 경기순환주기이고, 다른 하나는 합리적 과거지향형 투표(*rational retrospective voting*) 행태이다. 사실상 유능한 정책결정자는 선거 바로 직전에 정상보다 높은 팽창정책을 창출한다. 이러한 높은 성장을 관찰한 투표자는 집권자가 유능하다고 판단하여 집권자가 재선될 수 있도록 표를 던진다. 그러나 이 정치적 경기순환주기는 노드하우스의 전통적인 정치적 경기순환주기 모형의 그것과는 아주 상이하다. 퍼슨-타벨리니 모형에서는 한 유형의(유능한) 정책결정자만이 선거 직전의 팽창을 창출할 수 있는 반면 다른 정책결정자(유능하지 못한)는 긴축을 추구한다. 더욱이 이 모형은 선거 이전의 호경기 다음에 오게 될 선거 이후 불경기를 예측하고 있지 않다.

이 모형은 합리적 과거지향형 투표를 함축한다. 즉 선거 이전의 호

경기를 창출하는 유능한 정책결정자가 재선된다. 달리 표현하면 선거 이전의 성장률과 선거의 결과 간에 상관관계가 존재한다. 더욱이 투표자 입장에서는 선거가 있는 해의 경제를 평가하여 투표하는 것이 합리적이다. 왜냐하면 경제의 상태가 정책결정자의 유능성을 나타내기 때문이다. 유능성의 지속(방정식 19)이 이러한 결과를 얻는 데 절대적이다. 그렇지 않으면 투표자가 현재에 유능하게 보이는 집권자에게 투표할 이유가 없다. 왜냐하면 이러한 정보는 미래의 유능성과 무관하며, 미래의 성장과도 그러하기 때문이다.

B. 정치적 예산주기(Political Budget Cycles) 모형

[로고프-시버트 모형]

로고프와 시버트(Rogoff-Sibert, 1988)에 의해 세시된 모형은 노드하우스의 전통적 모형의 가정 중에 ①, ③, ④, ⑥, ⑦의 가정은 그대로 수용하였으나 가정 ②와 ⑤는 수정하였다(Alesina, Roubini and Cohen, 1997, pp. 28~31).

① 경제는 예측-증가적 필립스 곡선(*expectation-augmented Phillips curve*)에 의해 특징지어진다.[3]

③ 정치인들은 동일한 선호를 가지고 있다. 그들의 유일한 목표는 재선되는 것이다.

④ 선거게임에 있어 플레이어는 집권자와 도전자 둘만이 존재한다.

⑥ 정책결정자는 총수요와 관련하여 정책수단을 결정적으로 통제할 수 있다. 정책 수단은 통화정책이나 재정정책 중에서 선택할 수 있다.

⑦ 선거의 시기는 외생적으로 주어진다는 가정은 그대로 수용하였다.

---

3) 로고프-시버트 모형에서도 퍼슨-타벨리니 모형처럼 경제는 유능성의 항(*competence term*, ε_t)을 포함하는 필립스 곡선으로 설명된다.

반면 수정한 가정 ②와 ⑤는 다음과 같다.

② 물가상승에 대한 예측은 적응적이 아니라 합리적이다〔$\pi_t^e = E(\pi_t / I_{t-1})$〕.

I_{t-1}는 정책결정자들의 유능성의 수준(*the level of competence*)을 제외한 모든 적절한 정보를 포함한다.

⑤ 투표자들은 선출되면 그들에게 가장 높은 효용을 가져다 줄 것이라고 기대되는 정책결정자를 합리적으로 선택한다. 모든 투표자들은 동일한 효용함수를 가진다.

②의 가정은 정책결정자와 투표자간에 정보의 비대칭성(*asymmetry of information*)을 의미한다. 전자는 그들의 유능성의 정도를 알지만, 후자는 그렇지 못하다. 여기서 유능성이란 공공재의 공급이나 소득이전을 유효하게 할 수 있는 능력으로 정의된다. 단기적으로 투표자들은 경제환경이나 정책입안가의 특성에 관한 완전한 정보를 가지지 못하고 있다. 이와 같은 정보소유의 비대칭성이 선거 이전에 정부로 하여금 정치적 경기순환주기를 유발시킬 유인을 준다. 즉 투표자들은 보다 유능한 정책결정자를 선호할 것이므로 정책결정자는 가능한 한 유능하게 보이려 노력할 것이다. 따라서 정책결정자는 선거 직전에 소득이전, 새로운 공공재의 공급, 세금의 감면과 공공요금의 인하와 같은 지극히 가시적인 예산정책을 펼 것이다. 이와 같은 행태가 노드하우스 유형의 정치적 경기순환주기를 유발할 수 있으나 투표자들의 합리성 가정을 고려해 볼 때, 이 행태는 노드하우스 유형의 정치경기순환주기보다 단기적이며 보다 불규칙할 것이다.

쿠키어만과 멜쩌(Cukierman and Meltzer, 1986)와 더불어 최초로 유능성모형을 제시한 로고프와 시버트(1988)의 모형을 보다 구체적으로 살펴보자. 로고프와 시버트는 필립스 곡선보다는 정부예산에 대해 관심을 두었다. 그들은 다음과 같은 예산제약조건을 가정하였다.

(26) $g = \tau_t + s_t + \varepsilon_t$

여기서 g는 외생적으로 주어진 재화와 용역이나 이전지출에 대한 정부의 지출수준이며, τ_t는 왜곡되지 않은 총괄세[4] (*lump-sum tax*) 이고, s_t는 경제왜곡의 대가로 얻어지는 조폐권에 의한 수입(*seigniorage revenue*)을 의미한다. ε_t는 정부의 유능성을 나타낸다. 이 경우의 유능성은 예산과정에서의 낭비를 제한하는 능력으로 해석된다. 따라서 보다 작은 총수입규모로 필요한 지출규모를 충당하는 것을 의미한다. 앞서 퍼슨-타벨리니 모형에서 유능성 항은 이동평균(*Moving Average*)의 구조를 가지고 있다고 하였다. 그러나 유능성의 충격 μ_t가 두 가지의 값만 가질 수 있다는 가정 대신 로고프와 시버트는 μ_t가 0으로 정상화된 최소값부터 최대값 사이에 어떤 값도 가질 수 있다고 가정한다.

정보의 구조는 퍼슨-타벨리니 모형과 비슷하다. 선거가 t시점의 막판에 있다고 가정하자. 투표자는 g와 τ_t는 관찰할 수 있지만 s_t와 ε_t는 알 수 없다. 퍼슨-타벨리니 모형에서 물가상승에 대한 것과 마찬가지로 s_t는 한 시점의 시차를 두고 관찰할 수 있다. 그리고 정치인의 동기, 선거의 구조, 투표자의 합리성에 관한 모든 가정들은 퍼슨-타벨리니의 필립스 곡선 모형에서의 가정들과 동일하다.

로고프와 시버트의 투표자 효용함수는 다음과 같이 표시된다.

(27) $U = E\{\sum_{t=0}^{\infty} \beta^t \mu_t\}$

단, $\mu_t = \bar{x} - \tau_t - s_t - \Delta(st)$

4) 정액세라고도 번역되나 여기서는 총괄세로 하고자 한다.

여기서 $\bar{x}$는 외생적으로 주어진 소득의 수준이고, $\Delta(s_t)$의 시뇨리지(*seigniorage*)는 통화량 증가로 인한 왜곡비용[5]이므로 $\Delta(0)=0$, $s>0$에 대하여 $\Delta'(\cdot)>0$, $\Delta''(\cdot)>0$이 성립된다. 이 효용함수는 조폐권의 왜곡효과가 있는 반면 총괄세는 그렇지 않기 때문에 온정적 정책결정자는 정부지출의 재원조달을 위하여 조폐권을 결코 사용하지 않는다.

로고프와 시버트는 식별 가능한 균형이 항상 존재한다고 주장한다. 식별 가능한 균형점에서 μ_t가 $\mu=0$로 극소값을 가지는 경우를 제외하고는 집권자는 양의 조폐권을 선택한다. 달리 표현하면 가장 유능하지 못한 정책결정자를 제외하고 모든 유형의 정책결정자는 선거 전 재정 정책의 왜곡을 초래한다. 즉 가장 무능한 정책결정자를 제외한 모든 정책결정자는 가장 무능한 정책결정자가 가장 낮은 수준의 무능함을 은닉하지 못할 정도의 조폐권 수준을 선택한다. 따라서 가장 무능한 정책결정자는 최적의 정책을 선택하는 것이 바람직하다. 이 모형이 함축하는 것은 앞서의 퍼슨-타벨리니의 필립스 곡선 모형과 유사하다. 그러나 이 모형에서는 일반적으로 투표자들이 가장 무능한 정책결정자를 제외한 모든 정책결정자의 왜곡된 정책을 선택할 수 있다는 것이 차이점이다. 그리고 이 모형에서도 식별 가능하지 않은 균형이 존재할 수 있다는 것을 배제할 수는 없다.

이 모형의 실증적 함축성을 요약하면 선거 전 시점에 세율은 효율적인 수준보다 낮으면 물가상승의 수준은 최적보다 높다는 것이 예측된다. 대안적으로 s를 조폐권이 아닌 예산적자로 해석해 볼 수 있다. 이 경우에는 이 모형은 한층 더 복잡해진다. 왜냐하면 동태적 예산제약조

---

5) 시뇨리지(*Seigniorage*)는 중세 군주의 특권 중 하나인 화폐(주화) 주조세로 시뇨르(군주)가 부족한 재정을 메우기 위하여 금화에 구리를 섞어 함량미달의 주화를 만들어 유통하는 과정에 발생하는 이차를 의미한다. 현대적인 의미는 중앙은행의 독점적 발권력에 의해 발생되는 화폐주조차익을 뜻한다. 시뇨리지는 물가상승세(*inflation tax*)라고도 불린다.

건(*intertemporal budget constraint*)을 고려해야 하기 때문이다. 그렇지만 이 경우에도 이론적 함축성은 동일하다. 로고프(Rogoff, 1990)는 조폐권이 아닌 정부지출의 구성을 강조하는 관련모형을 제시한다. 그는 다음과 같은 정부의 예산제약조건을 제시한다.

(28) $g_t + \kappa_{t+1} = \tau_t + \varepsilon_t$

여기서 g_t는 재화와 용역 및 이전프로그램에 대한 정부의 지출을, κ_{t+1}는 한 시점 생산시차의 공공투자를 나타낸다. 즉 t 시점에 결정된 공공투자는 t+1 시점에 가시적이며 생산적인 것으로 드러난다. 유능성(ε_t)은 로고프와 시버트(1988)의 모형에서와 같이 작동하나 이 모형에서 로고프는 유능성의 충격 μ_t가 높은 값과 낮은 값의 두 값만 가질 수 있는 두 유형의 모형을 가정한다. 이 모형에서 정보의 비대칭성은 투표자는 t시점에 g_t와 κ_t는 관찰할 수 있지만 κ_{t+1}은 알 수 없다는 것이다. 따라서 투표자가 t시점 막판에 투표할 때, κ_{t+1}과 ε_t는 알 수 없다.

이 모형이 함축하는 바를 요약하면 식별 가능한 균형에서 유능한 집권자는 완전한 정보의 유효수준 아래로 κ_{t+1}을 삭감하는 반면 g_t는 유효수준 이상으로 높임과 동시에 τ_t는 삭감한다. 따라서 유능한 정책결정자는 투자 프로젝트와 감세 대신에 이전지출과 보다 가시적인 프로그램을 선호하는 정부지출의 정치적 경기순환주기를 도모한다.

P3. **이념적 모형: 힙스**(1977b, 1987b)

힙스(Hibbs, 1977b)에 의해 제시된 이념적 정치경기순환주기 모형은 노드하우스 이론의 가정들 중 ①, ②, ④, ⑥, ⑦을 그대로 수용하고 있는 반면 ③, ⑤의 가정과는 상이한 차이를 보이고 있다. 동일한 가정들을 다시 한 번 살펴보자.

① 경제는 예측-증가적 필립스 곡선(*expectation-augmented Phillips curve*)에 의해 특징지어진다.

② 물가상승에 대한 예측은 적응적이다. 힙스는 이 두 가정에 대해 직접적으로 언급하지 않지만 그의 실증연구에서 이를 전제한다.

④ 선거게임에 있어 플레이어는 집권자와 도전자 둘만이 존재한다.

⑥ 정책결정자는 총수요와 관련하여 정책수단을 결정적으로 통제할 수 있다. 정책수단은 통화정책이나 재정정책 중에서 선택할 수 있다.

⑦ 선거의 시기는 외생적으로 주어진다.

힙스 모형이 노드하우스 모형과 두드러진 차이를 보이는 것은 가정 ③과 ⑤가 판이하게 다르기 때문이다. 이 두 가정을 검토하여 보자(Hibbs, 1982a: 429~435).

③ 정치인들은 동일한 선호를 가지고 있지 않다. 사회당정부는 상대적으로 물가에 대해서 실업과 성장에 더욱 큰 관심을 보인다. 보수당정부는 역의 관계가 성립한다. 노드하우스는 정치인들이 동일한 선호를 가지고 있으며, 그들의 유일한 목표는 재선되는 것이라고 본다. 따라서 정부는 재집권 유인적인 행태를 보인다는 것이다. 그러나 힙스는 정당을 상이한 선호를 가진 상이한 투표자 집단을 대표한다고 본다. 특히 보수당은 중산층, 기업가와 재정가 집단을 투표자집단으로 포함시키는 반면 사회당은 중하층계급과 노동자집단을 지지기반으로 간주한다. 따라서 정당은 재집권 유인적이 아니라 지지기반을 대상으로 하는 이념 유인적 효용극대화를 추구한다.

⑤ 상이한 투표자들은 상이한 물가와 실업(성장)에 대하여 상이한 선호를 가진다. 투표자들은 그들의 선호에 따라 사회당이나 보수당을 선택한다. 투표자들은 성장을 좋아하고 물가상승과 실업을 싫어한다는 노드하우스의 투표자 동일선호 가정과 달리 투표자 집단 간에도 상

이한 선호가 존재한다는 가정을 세우고 있다.

이러한 가정들에 입각하여 힙스는 다음과 같이 정치적 지지모형(*the political support model*)을 제시했다.

$$(29)\quad Y_t^* = w \cdot LR_t + (1-w)\,SR_t + a_q + u_t$$

식(29)에서,

Y_t^*: 정치적 지지도에 대한 잠재적 지표

LR: 정당간 성취도 비교변수

SR: 행정부간 성취도 비교변수

a_q: q번째 최고 행정수반의 순수 정치적 지지도와 한 정당 또는 연합정당을 선호 하는 잠재석 요인들

w: LR의 상대적 가중치, $0 \leq W \leq 1$

u: 오차항

이다.

정부의 정치적 지지도의 잠재적 지표 Y*는 정당 간 성취도 비교변수 LR이 행정부 간 성취도 비교변수 SR의 가중치 합과 q번째 최고 행정수반의 순수 정치적 지지도와 한 정당 또는 연합정당을 선호하는 잠재적 요인들 a_q 및 오차항으로 구성된다. LR은 집권당의 정치적 지지에 대한 누적된 재산이다. 다시 말해 한 정당이나 연합정당의 정치적 자본이다. 여기서 정치적 자본이란 선거관련 문헌에 등장하는 정당소속감(*Party Identification*)과 유사한 개념으로 파악할 수 있다. 그러나 정서적인 속성과 연관된 정당소속감과 달리 객관적 성취도와 연관된 정당소속감의 개념으로 정의될 수 있다.

이 모형을 양당제나 양대 연합정당제도에 국한하는 경우, LR은 집권당(집권연합정당)의 지수적으로 할인된 성취도의 누적치와 야당(야당연합)의 지수적으로 할인된 성취도의 누적치와의 차이에 의존한다.

$$(30)\quad LR_t = b \cdot D_t \sum_{k=0}^{\infty} g^k Z_{t-k} D_{t-k}$$

식(30)에서

Z: 계수들 b와 연관된 성취도변수들의 벡터(실업률, 물가상승률, 1인당 이전지출)

g^k: 시차가중치의 감소율, $0 \leq g \leq 1$

Dt: 가변수

t 기에 A정당/연합정당이 집권하면 +1

t 기에 B정당/연합정당이 집권하면 -1

여기서 가변수의 곱셈항 $D_t \cdot D_{t-k}$는 경쟁 야당 또는 연합정당이 집권하였을 때와 현 집권당이 집권하였을 시기의 Z와 관련된 성취도에 의하여 도출되는 현 집권당의 정치적 자본변수 LR의 계산을 가능하게 한다. 투표자들이 성취도에 부여하는 가중치는 g^k의 비율로 감소한다. 다시 말해 투표자들은 과거의 성취도보다는 현재의 성취도에 보다 높은 가중치를 둔다는 것이다. 0에 근접하는 g의 작은 값은 과거를 심하게 할인하는(현 정부의 최근 성취도만 중요하다) 반면, 1에 근접하는 g의 큰 값은 이전의 결과가 정부에 대한 현시점의 정치적 지지에 지대한 영향을 준다는 것이다. 예컨대 정당/연합정당 A가 최근 2회 연속(t와 t-1시점) 집권하였고, 정당/연합정당 B는 A가 집권하기 이전에 연속 2회 집권하였다(t-2, t-3)는 연속적인 사상이 관찰되었다면 이는 식(31)과 같이 표기된다.

$$(31)\quad LR_t = b \cdot (Z_t + gZ_{t-1} - g^2Z_{t-2} - g^3Z_{t-3} + g^4Z_{t-4} + \cdots)$$

관찰기간 동안 한 정당이나 연합정당이 지속적으로 집권하였다면 모든 t와 t-k에 대하여 $D_t \cdot D_{t-k}$는 +1의 값을 가지며, 방정식(30)과

(31)은 Z에 있어서 전형적인 시차구조를 일반화할 수 있다. 이는 식 (32)와 같이 단순화할 수 있다.

$$(32)\quad LR_t = g^{t-1} \cdot LR_1 (D_t/D_1) + b \cdot D_t \sum_{k=0}^{t-2} g^k Z_{t-k} D_{t-k}$$

행정부간 정치적 지지도의 비교변수 SR은 정당과 무관하게 모든 이전 행정부의 지수적으로 할인된 누적치와 현 정부의 지수적으로 할인된 누적치의 차이에 의해 결정된다. 이는 식(33)과 같이 나타낼 수 있다.

$$(33)\quad SR_t = \sum_{q=1}^{\infty} A_{qt} \cdot b \cdot \sum_{k=0}^{\infty} g^k Z_{t-k} D_{q,t-k}$$

식(33)에서

Aqt: q번째 정부일 때 +1

그 외에는 0

Dqt: q번째 정부의 집권기간은 +1

그 외에는 -1

가변수 A_{qt}, $D_{q,t-k}$는 행정부간 할인된 성취도의 비교에 근거하여 SR의 계산을 가능하게 한다. 예컨대 q번째 행정부가 연속 2회 집권하였다면 정치적 지지도의 SR은 식(34)와 같이 주어진다.

$$(34)\quad SR_t = b \cdot (Z_t + gZ_{t-1} - g^2 Z_{t-2} - g^3 Z_{t-3} - g^4 Z_{t-4} - \cdots)$$

SR의 경우도 LR의 경우와 마찬가지로 시차구조를 일반화할 수 있으며 식(35)와 같이 표현된다.

$$(35)\ SR_t = \sum_{q=1}^{Q} A_{qt} \cdot b \cdot \sum_{k=0}^{t-2} g^k Z_{t-k} D_{q,t-k} + g^{t-1} \cdot (SR1 - 2b \cdot Z_1)$$

방정식(32)와 (34)에서 새 행정부나 정당이 집권하였을 때의 지지도는 이전 정부나 집권정당의 상황에 따라 결정된다. 이전 정부의 성취도가 낮을수록 새로운 정부의 정치적 지지도는 높아지는 경향이 있다. 반대로 이전 정부의 성취도가 높을수록 새로운 정부의 정치적 지지도는 낮아지는 경향이 있다.

방정식 (29)부터 (35)까지를 종합하면 (36)과 같은 방정식을 도출하게 된다. 물론 식(36)은 식(32)와 (35)를 (29)에 직접 대입하여 얻어졌다.

$$(36)\quad Y_t^* = w \cdot (b \cdot D_t \sum_{k=0}^{t-2} g^k Z_{t-k} D_{t-k} + R^{LR}) + (1-w) \cdot (\sum_{q=1}^{Q} A_{qt} \cdot b \cdot \sum_{k=0}^{t-2} g^k Z_{t-k} D_{q,t-k} + R^{SR}) + a_q + u_t$$

식(36)에서

$R^{LR} = g^{t-1} \cdot LR_1 (D_t/D_1)$

$R^{SR} = g^{t-1} \cdot (SR_1 - 2b \cdot Z_1)$

방정식(36)은 집권당(정부)의 정치적 지지도는 정당 간(연합정당 간)과 행정부 간의 할인된 과거지향적 성취도 비교의 가중치 합에 기초하여 계산된다는 정치적 지지도의 유도형(*reduced form*) 방정식이다.

다음으로 정치적 지지의 잠재적 지표 Y_t^*에 관하여 알아보자. 서베이 자료는 응답자가 현 정부를 지지하는지 그렇지 않은지의 여부만 드러내기 때문에 Y_t^*의 측정은 불가능하다. 따라서 측정 가능한 이분변수의 서베이 자료를 잠재적 지표에 대응시킬 수 있는 모형이 필요하다.

현 정부에 대한 정치적 지지의 호불호를 나타내는 이분변수를 Y_{it}라 가정하자. Y_{it}는 식(37)과 같이 표현된다.

(37) Y_{it} = 응답자가 현 정부를 지지하면 +1
지지하지 않으면 0

여기에 Z에 관한 성취도에 대하여 투표자들은 동일하게 반응한다고 가정하자. 그러면 Y_{it}는 연속적 수치의 정치적 지지도 지표 Y^*를 반영한다고 가정할 수 있다. 이는 식(38)과 같이 나타낼 수 있다.

(38) $Y_{it} - Y^* > c$이면 1
$Y^* \leq c$ 이면 0
c : 임계치

그리고 f(Z)가 방정식(36)에서 우변의 실질적인 항들을 의미한다고 가정하면, t 시점에 투표자들의 지지한다는 응답을 관찰할 수 있는 확률 P는 다음과 같다.

(39) $P_t = P(Y_{it} = 1) = P(f(Z) + u_t > c) = P(u_t > c - f(Z))$

그리고 $(1-P_t)$는 지지하지 않는다고 응답할 확률이다. 다시 말해 Y^*가 임계치 c보다 크면 투표자들은 정부를 지지한다$(Y = 1)$. 따라서 지지의 확률은 $c - f(Z)$의 값과 확률변수 u의 분포에 의존한다. 즉 P_t는 누적분포함수로 간주될 수 있다. 편의상 0의 평균값과 척도계수 s의 로지스틱 분포를 가정하면 확률밀도함수는 (40)과 같이 표기된다.

$$(40)\quad P_t = P(u_t > c - f(Z)) = 1 - \frac{\exp[c - f(Z)/s]}{1 + \exp(c - f(Z)/s]} = \frac{\exp[(f(Z) - c)/s}{1 + \exp[(f(Z) - c)/s]} = L^*[(f(Z) - c)/s]$$

식(40)에서

L^*: 로지스틱 연산자

$L^*(Z) = \exp z / (1 + \exp z)$

식(40)으로부터 f(Z)의 값이 커짐에 따라 응답의 확률은 일률적으로 1에 수렴하는 반면 f(Z)의 값이 작아짐에 따라 0에 수렴하게 된다.

마지막으로 식(40)은 식(41)과 같이 변형될 수 있다.

$$(41)\quad L^{*-1}P_t = \ln[P_t / (1 - P_t)] = f(Z)/s$$

식(41)은 P_t를 (1 - Pt)로 나눈 값에 대한 자연대수(로짓)를 선형함수로 표현한 것이다.

식(29)부터 (40)까지의 방정식에서 도출된 원래의 정치적 지지도 모형의 항들을 방정식(41)에 대입하면 방정식(42)을 얻을 수 있다.

$$(42)\quad \ln[P_t / (1 - P_t)] = (1/s) \cdot w \cdot b \cdot D_t \sum_{k=0}^{t-2} g^k Z_{t-k} D_{t-k} + (1 - w) \cdot (\sum_{q=1}^{Q} A_{qt} \cdot b \cdot \sum_{k=0}^{t-2} g^k Z_{t-k} D_{q,t-k} + R^{SR}) + a_q + e_t$$

식(42)에서

P_t: 서베이 자료로부터의 측정된 비율(P_t는 측정이 불가능한 모집단의 비율)

$e_t = \ln[P_t / (1 - P_t)] - \ln[P_t / (1 - P_t)]$

이다.

정치적 지지도 모형의 모든 계수는 척도요인 1/s로 표준화되며, 임계치 c는 행정부 간의 비교변수항인 상수 a_q에 포함될 수밖에 없다. 다시 말해 이러한 계수는 식별되지 않는다. 방정식(42)가 비선형적 동태시차함수라는 점을 감안할 때 표준 비선형적 최소자승법을 사용한 가중 로짓회귀분석을 해야 한다.

위의 가정들을 전제로 행해진 실증연구에서 힙스는 유럽의 사회당이나 미국의 민주당이 집권하였을 경우는 유럽의 보수당이나 미국의 공화당보다 확장적 정책을 추구하고 물가상승에 보다 덜 민감하다는 결론을 내렸다. 곧 사회당(*left-wing*)은 평균적으로 보수당(*rightwing*)보다 높은 물가상승률과 낮은 실업률을 선호한다는 것이다. 이 모형은 정치란 소득재분배의 과정이란 견해에 근거한다. 따라서 사회당은 확장적 정책을 통해 소득을 그 지지기반인 중하위계층에 재분배한다. 힙스의 결론은 〈그림 3-3〉과 같이 표시할 수 있다.

P4. **합리적 이념주의 모형**(Rational Partisan Model): **알레지나**(1987)

알레지나(Alesina: 1987, 1988)에 의해 제시된 합리적 이념주의모형의 가정들은 앞에 언급된 노드하우스모형 및 힙스모형의 가정들과 어떻게 다른지 살펴보자(Alesina, Roubini and Cohen, 1997: 51~61).

① 경제는 예측-증가적 필립스 곡선(*expectation-augmented Phillips curve*)에 의해 특징지어진다는 첫 번째 가정은 그대로 수용한다.

〈그림 3-3〉 이념적 정치경기순환주기의 유형

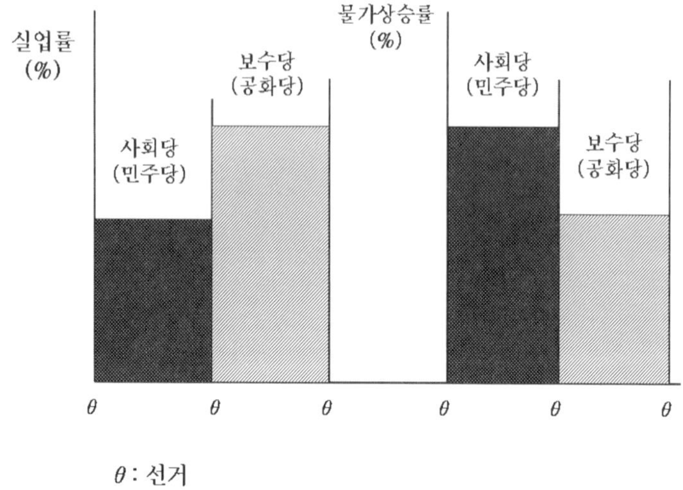

② 물가상승에 대한 예측은 적응적이 아니라 퍼슨-타벨리니 모형 및 로고프-시버트 모형처럼 합리적이라고 가정한다.

③ 힙스 모형처럼 정치인들은 동일한 선호를 가지고 있지 않다고 가정한다. 다시 말해 사회당정부는 상대적으로 물가보다 실업과 성장에 보다 큰 관심을 보이며, 보수당정부는 반대의 선호를 가지고 있다고 가정한다.

④ 선거게임에 있어 플레이어는 집권자와 도전자 둘만이 존재한다는 네 번째 가정은 그대로 수용한다.

⑤ 상이한 투표자들은 상이한 물가와 실업에 대하여 상이한 선호를 가졌다는 힙스의 가정과 투표자들은 자신들의 효용함수를 극대화시키는 정책결정자에게 투표한다는 퍼슨-타벨리니 모형의 가정을 결합하여 투표자의 행태에 대한 가정을 세우고 있다.

⑥ 정책결정자는 총수요와 관련하여 정책수단을 결정적으로 통제할 수 있다는 가정을 정책결정자는 물가를 직접적으로 통제할 수 있다는

가정으로 단순화하였다.

⑦ 선거의 시기는 외생적으로 주어진다는 가정은 그대로 사용하고 있다.

이러한 가정을 전제로 하여 알레지나가 제시한 합리적 이념주의 모형을 구체적으로 살펴보자.

이 모형을 잘 이해하기 위해서는 필립스 곡선에 대한 특정한 임금계약적 해석에 주목할 필요가 있다. 식(43)에서와 같이 실질생산량증가는 실질임금의 증가와 역의 관계에 있다(물리적 자본과 생산성의 증가는 무시한다). 여기서 ω_t는 명목임금상승률을 의미한다.

(43) $y_t = \overline{y} + \pi_t - \omega_t$

특정한 명목임금의 수준이 명시된 계약의 각 시점초기에 체결되며 그 기간을 통해 지속된다. 따라서 임금의 명목조건으로 고정되어 있다. 노동시장은 경쟁적이거나 비경쟁적일 수 있다. 경쟁적 노동시장의 경우 노동시장을 말끔히 할 수 있는 수준의 실질임금을 항상 유지하기 위하여 명목임금상승률은 물가상승률과 일치시킨다. 비경쟁적 노동시장의 경우 노동조합은 조합원의 후생을 극대화하는 실질임금의 수준을 정한다. 두 경우 모두 식(44)가 성립된다.

(44) $\omega_t = \pi_t^e = E(\pi_t \mid I_{t-1})$

(43)과 (44)로부터 식(45)가 도출된다.

(45) $y_t = \overline{y} + \pi_t - \pi_t^e$

좌파당(L)과 우파당(R)은 각각 다음의 선호함수를 가진다.

$$(46)\quad U^L = \sum_{t=0}^{\infty} \beta^t [-(\pi_t - \bar{\pi}^L)^2 + b^L y_t]$$

$$(47)\quad U^R = \sum_{t=0}^{\infty} \beta^t [-(\pi_t - \bar{\pi}^R)^2 + b^R y_t]$$

단,

$$(48)\quad \bar{\pi}^L \geq \bar{\pi} \geq 0$$

$$(49)\quad b^L > b^R \geq 0$$

식(46)과 (47)의 첫 번째 항은 최적의 물가상승률이 0이 아닌 경우 물가상승의 목표가 양의 값이 될 수 있다는 것을 시사한다. 이는 최적과세의 주장에 의해 뒷받침될 수 있다. 물가상승도 최적과세율의 주요한 한 유형의 세금으로 볼 수 있기 때문이다. 그리고 두 번째 항은 높은 성장에 대한 편익을 의미한다. 분석상의 단순성으로 인해 선형의 성장함수를 가정한다. 힙스의 모형처럼 정치인들은 동일한 선호를 가지고 있지 않다는 가정 ③은 식(48)과 (49)에 반영되어 있다. 특히 식(49)는 좌파당은 우파당에 비해 성장(그리고 실업)에 보다 많은 관심을 둔다는 것을 함축한다. 식(48)에서 $\bar{\pi}^L \geq \bar{\pi}$의 조건은 좌파당의 최적 물가상승세가 우파당의 최적 물가상승세보다 높은 경우에만 충족된다. 예컨대, 좌파당을 지지하는 유권자가 더 큰 규모의 정부와 더 많은 세수를 선호하거나 또는 물가상승세가 우파당을 지지하는 유권자를 더 괴롭히는 경우에 이 조건이 성립된다.

자연성장수준 $\bar{y}$ 이상으로 성장을 증가하려는 유인은 노동시장의 왜곡과 관련이 있다. 이 왜곡의 한 요인은 비왜곡된 완전고용 수준보다 낮게 경제활동의 수준을 유지하려는 노동에 대한 과세가 될 수 있다.

두 번째는 조합원들의 후생만을 생각하여 실질임금을 너무 높게 유지하려는 노동조합들 때문일 수 있다. 두 경우 모두 경제활동의 수준은 왜곡되지 않은 완전고용 수준보다 낮다. 따라서 정책결정자들은 경제활동의 수준을 높이려는 유인이 있다.

투표자들도 정당과 유사한 선호를 가진다. 따라서 일반적인 투표자는 다음과 같은 효용함수를 가진다.

$$(50)\quad U_i = \sum_{t=0}^{\infty} \beta^t \left[-(\pi_t - \bar{\pi}^i)^2 + b^i y_t \right]$$

일반적으로 투표자들은 최적 물가상승세 $\bar{\pi}^i$에 대해 의견의 차이를 보이며, 물가상승의 비용과 성장 b^i의 편익에 대해서도 상이한 견해를 보인다. $\bar{\pi}^i$와 b^i의 모수는 모집단에 대하여 분포하고 있다. 따라서 정당을 포함하여 그 누구도 확실하게 투표자의 선호(예컨대, $\bar{\pi}^i$와 b^i와 같은)를 모르는 경우를 제외하고는 이 분포에 대한 특별한 가정이 필요 없다.

마지막으로 선거는 격주기로 일어난다고 가정한다. 따라서 집권기간은 두 주기 동안 계속된다.[6] t시점에 집권시기가 시작한다고 가정하자. 만약 좌파당이 승리하면 식(51)의 관계가 성립된다.

$$(51)\quad \pi_t = \pi_{t+1} = \bar{\pi}^L + b^L/2 \equiv \hat{\pi}^L$$

반대로 우파당이 승리하면

$$(52)\quad \pi_t = \pi_{t+1} = \bar{\pi}^R + b^R/2 \equiv \hat{\pi}^R$$

---

6) 알레지나는 여기서 한 주기는 노동계약의 주기와 일치하는데 미국의 경우 노동계약의 주기가 2년인 것으로 명시하고 있다. 따라서 이 가정은 합리적이다.

식(52)의 관계가 성립한다.

식(51)과 (52)는 식(45)를 (46)과 (47)에 대입하고, π_t^e는 주어진 것으로 가정하여 π에 대하여 극대화하면 쉽게 도출된다. π_t^e이 주어진 것으로 가정하는 것은 정책결정자가 정책을 선택하기 전에 π_t^e가 이미 형성되기 때문이다. 식(51)과 (52)에서 첫 번째 항($\bar{\pi}^L$과 $\bar{\pi}^R$)은 성장과 무관하게 좌파당과 우파당 각각의 목표 물가상승률을 의미한다. 두 번째 항($b^L/2$과 $b^R/2$)은 자연성장률 이상으로 성장률을 증가시키려는 각 당의 시도로 인한 물가상승에 대한 영향, 즉 물가 충격 없이 달성되는 성장수준 이상의 성장률을 의미한다.

앞의 선호에 대한 가정에 따라 식(53)이 성립한다.

$$(53)\quad \hat{\pi}^L > \hat{\pi}^R$$

물가상승은 우파당이 집권한 시기보다 좌파당이 집권한 시기가 항상 높다.

이 결과는 $\bar{\pi}^L = \bar{\pi}^R$인 경우에도 $b^L/2 > b^R/2$의 조건이 충족되는 한 유효하다. 즉 한 정당이 다른 정당에 비해 물가상승보다는 성장에 더욱 관심을 두는 한 목표물가 상승률이 두 정당 간에 상이할 필요가 없다는 것이다.

합리적이고 미래지향적인 투표자는 두 정당의 목적함수들을 알고 있고 각 정당의 정책 $\hat{\pi}^L$과 $\hat{\pi}^R$에 대하여도 알고 있다. 따라서 투표자들은 정당의 최적화 문제를 풀 수 있으며 균형정책도 알 수 있다. 그러나 정책이 알려져 있다하더라도 투표자들 선호의 분포를 모르기 때문에 선거의 결과는 불확실하다. P는 우파당 R이 선거에서 승리할 확률이고 1-P는 좌파당 L이 선거에서 이길 확률을 나타낸다고 하자. 투표자들은 P의 값을 알고 있다. 이 가정은 다음을 함축한다. 첫째, 현실적으로 투표자들 선호의 분포는 확실하게 모른다는 것을 전제해야 한다. 이는 서로 경쟁하는 두 정당의 정책들이 투표자들에게 미리 알려졌다 하더라도 선거의 결과는 확실하게 예측될 수 없다는 것을 의미한다. 둘째, 투표자들 선호의 분포에 대한 분포가 모두에게 알려있다고 가정한다. 다시 말해 두 정당의 정책들에 대한 지식이 주어졌다는 가정 아래 투표자들은 가능한 두 가지(승리, 패배) 선거결과의 확률을 계산할 수 있다는 것이다.

주어진 P값 아래 물가의 기댓값은 다음과 같다.

(54) $\pi_t^e = P\hat{\pi}^R + (1-P)\,\hat{\pi}^L$

(55) $\pi_{t+1}^e = \hat{\pi}^R$

(56) $\pi_{t+1}^e = \hat{\pi}^L$

이 방정식들은 합리적 이념주의 모형의 핵심이다. 먼저 식(54)에서 선거 전의 물가에 대한 기댓값은 두 가능한 선거결과의 확률에 의하여 가중치가 부여된 $\hat{\pi}^R$과 $\hat{\pi}^L$평균값이다. 선거 후 기댓값은 집권한 정당의 정책에 맞추어 재조정된다. 식(45)과 식(54)로부터 좌파당과 우파당의 생산량 증가 y^L, y^R을 계산할 수 있다.

(57) $y_t^L = \overline{y} + P(\hat{\pi}^L - \hat{\pi}^R)$

(58) $y_t^R = \overline{y} - (1-P)(\hat{\pi}^L - \hat{\pi}^R)$

(59) $y_{t+1}{}^L = y_{t+1}{}^R = \overline{y}$

따라서 좌파당이 집권한 전반기의 성장은 자연성장률보다 높고, 우파당이 집권한 전반기의 성장은 자연성장률보다 낮다. 후반기에는 두 정당 모두 성장이 자연성장률과 같게 된다.

또한 위로부터 다음과 같은 추론이 가능해진다.

첫째, 자연성장률과 각 정당이 집권한 전반기의 성장률의 편차는 두 정당의 선호가 나타나 있는 $\hat{\pi}^L$과 $\hat{\pi}^R$의 차이에 따라 결정된다. 즉 보다 심한 정치적 양극화는 보다 큰 경제적 변동을 가져다준다.

둘째, 선거결과의 충격 정도가 성장의 변동에 영향을 준다. 예컨대 우파당 R이 집권할 확률 P가 낮을수록 경기침체가 유발될 가능성이 높다.

셋째, $b^R > 0$의 조건이 충족되더라도(우파당이 자연성장률보다 높은 수준의 성장률을 선호하더라도) 우파당은 경기침제나 경기하강을 유발한다. 왜냐하면 좌파당의 승리의 가능성이 기대되는 물가를 높게 유지하기 때문이다.

넷째, 이 모형은 두 주기 이상의 집권시기의 경우에도 쉽게 확장될 수 있다. 이 경우 $\bar{y}$와의 차이는 첫 번째 주기에만 발생된다.

다음으로 P가 어떻게 결정되는 지를 살펴보자. 투표자 i는 좌파당 L이 승리하였을 때보다 우파당 R이 승리하여 그의 기대되는 효용이 높을 경우 우파당 R에 투표할 것이다. 이 조건은 다음과 같이 표현된다.

$$(60)\quad -(\hat{\pi}^R - \bar{\pi}^i)^2 + b^i y_t^R + \beta[-(\hat{\pi}^R - \bar{\pi}^i)^2 + b^i \bar{y}] >$$
$$-(\hat{\pi}^L - \bar{\pi}^i)^2 + b^i y_{t1}^L + \beta[-(\hat{\pi}^L - \bar{\pi}^i)^2 + b^i \bar{y}]$$

$y_t^L > \bar{y} > y_t^R$ 임을 상기하면 높은 b^i를 선호하는 투표자들은 좌파당 L에 투표할 것이다. 마찬가지로 높은 $\bar{\pi}^i$를 선호하는 투표자들은 좌파당 L에 투표할 것이다. 그리고 앞서 언급하였듯이 b^i와 $\bar{\pi}^i$의 분포는 불확실하기 때문에 무작위의 충격에 의해 영향을 받는다. P는 조건(51)이 투표자들 50% 이상에 대하여 유효한 확률을 의미한다. 주어진 $\hat{\pi}^L$과 $\hat{\pi}^R$값에 대하여 P는 모형의 계수값에만 의존하며 계산가능한 상수이다. 투표자 선호의 분포에 대하여 어떠한 가정을 하는 것도 불필요하지만 높은 b^i를 선호하는 투표자들은 높은 $\bar{\pi}^i$를 선호하는 투표자들이

라고 가정하거나 반대의 경우로의 가정도 가능하다.

결론적으로 이 모형의 실질성장률(실업률)에 대한 정당 간의 영향은 일시적이며 선거 후의 시기에 국한된다는 이념적 주기를 예측한다. 반면 물가의 경우는 좌파당과 우파당이 항상 다르며 좌파당이 집권하였을 경우 항상 높다는 것이다. 알레지나는 합리적 기대가설에 입각하여 전통적인 정치적 경기순환주기 이론과 이념적 정치경기순환주기 이론을 게임이론틀에서 재조명하였다. 알레지나의 경우 정당은 힙스처럼 이념적으로 다른 목적함수를 극대화하지만 투표자들은 합리적이고, 미래지향적이기 때문에 정부의 체계적 경제정책은 이들의 의사결정에 영향을 미칠 수 없다. 필립스 곡선상의 물가상승률과 실업률 간에 역의 상관관계는 존재치 않는다는 합리적 기대론자의 가정에 입각하고 있음은 물론이다. 이런 가정 아래 도출된 결과는 다음과 같다.

첫째로, 민주당행정부(*Democratic administration*)는 물가상승률보다는 생산(*output*)에 더 큰 목표를 둔다.

둘째로, 경제정책7)의 실제효과는 각 행정부의 임기 첫 번째 반 동안(예컨대 4년 임기이면 첫 2년 동안) 더 강하고 나머지 반 동안은 민주당행정부나 공화당행정부(*Republican administration*)나 거의 대동소이하다.

이를 도식화하면 〈그림 3-4〉, 〈그림 3-5〉와 같다.

---

7) 여기서는 투표자들이 예기치 못한 통화정책(*unexpected monetary policy*)을 의미함.

〈그림 3-4〉 합리적 이념주의 모형의 정치적 경기순환주기 유형(성장률)

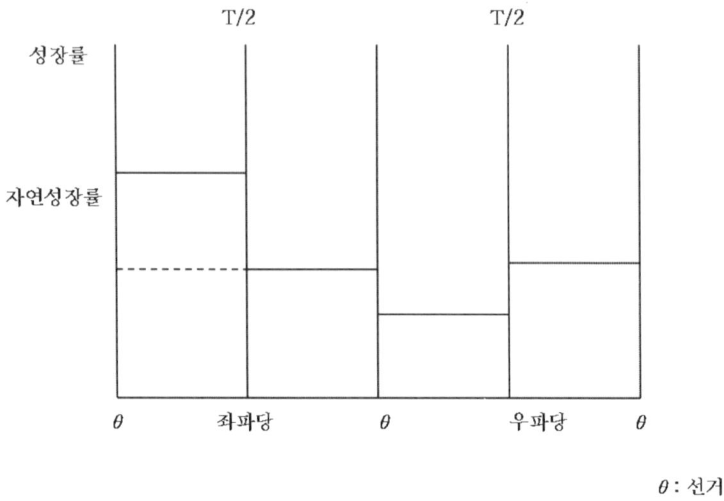

〈그림 3-5〉 합리적 이념주의 모형의 정치적 경기순환주기 유형(물가상승률)

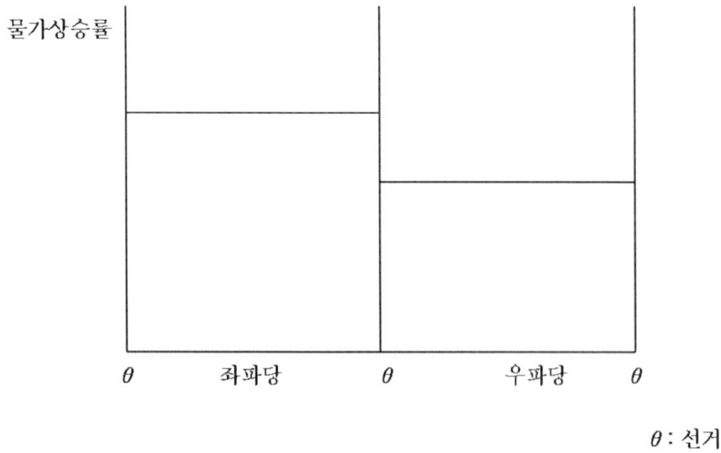

P5. 민포드와 필의 모형(1982)

민포드(Minford)와 필(Peel)의 모형은 알레지나 모형의 가정을 그대로 수용한다. 단, 정당은 이념적으로 유인된 당파적 목표(*partisan goal*)를 가지고 있으므로 상이한 목적함수를 극대화한다고 가정한다. 투표자들은 정당 간의 상이한 목표를 인지하고 있으며, 자신의 선호에 가장 가까운 정책을 추구하는 정당에 투표한다는 가정을 수정하여 이익함수접근법(*interest function approach*)을 제시하였다. 그들은 투표자들을 보수당(*Conservative*, C) 투표자집단, 노동당(*Labor*, L) 투표자집단 및 부동 투표자집단(*Floating Voters*, V)으로 분류하였다. 보수당투표자들은 물가상승, 노동당투표자들은 실질가처분소득(*real disposable income*), 부동투표자들은 물가상승과 실질가처분소득 모두에 관심이 있다고 가정한다. 이와 같은 각 투표자집단의 효용함수는 다음과 같이 설정된다(Minford and Peel, 1982: 148~153).

(61) $C_t = c_1P_t + c_2P_t^2 + c_0$

(62) $V_t = v_1P_t + v_2P_t^2 + v_3Y_t + v_4Y_t^2 + v_0$

(63) $L_t = l_1Y_t + l_2Y_t^2$

P: 물가상승

Y: 실질 가처분소득

$c_1,\ c_2,\ v_1,\ v_2,\ v_4,\ l_2 < 0$

$c_0,\ v_0,\ v_3,\ l_1 > 0$

한편 경제는 다음과 같이 단순한 방정식으로 표기된다.

(64) $P = \pi_1 d + \varepsilon + \pi\varepsilon_{-1}$

(65) $Y = \omega_1 d + \eta + \omega\eta_{-1}$

(66) $d = (1 - \delta_4)\, d/ + \delta_2\varepsilon_{-1} + \delta_3\eta_{-1} + \mu + \delta_4 d_{-1}$

d: 정부의 정책도구로 예산적자나 통화량의 증가율
d/: d의 장기의 값(*long-run value*)
ε: 명목상의 충격
η: 실질적인 충격

각 정당은 위의 투표자집단들의 효용함수에 가중치를 두어 목적함수를 세워 극대화한다. 보수당정부의 경우 다음과 같은 목적함수를 극대화한다.

(67) $\lambda E_0 C_T + (1 - \lambda) E_0 V_T$

λ: 지지투표자집단에 주어지는 가중치

(64) ~ (66) 으로부터

(68) $P = \pi_1 d/ + (\pi_1\delta_2 + \pi)\,\varepsilon_{-1} + \pi_1\delta_3\eta_{-1}/1 - \delta_4 L + \pi\mu/1 - \delta_4 L + \pi_1\delta_2\delta_4\varepsilon_{-2}/1 - \delta_4 L$

(69) $Y = \omega_1 d/ + \omega_1\delta_2\varepsilon_{-1}/1 - \delta_4 L + (\omega_1\delta_3 + \omega)\,\eta_{-1} + \eta + \omega_1\mu/1 - \delta_4 L + (\omega_1\delta_3\delta_4/1 - \delta_4) \cdot \eta_{-2}$

L: 시차연산자

따라서 보수당정부는 T(T는 크다고 가정) 시점에 실시될 선거에서 다음의 효용함수를 극대화한다.

(70) $k^C 1\,\{\pi_1 d/\} + k^C{}_2\,\{\pi_1{}^2 d/^2 + (\pi_1{}^2\delta_2{}^2 + 2\pi\pi_1\delta_2 + \pi_1{}^2\delta_2{}^2\,\delta_4{}^2/1 - \delta_4{}^2 + 1) \cdot \mathrm{var}(\varepsilon) + \pi_1{}^2\delta_3{}^2/1 - \delta_4{}^2 \cdot \mathrm{var}(\eta) + \pi_1{}^2/1 - \delta_4{}^2 \cdot \mathrm{var}(\mu)\}$
$+ k^C{}_3\,\{\omega_1 d/\} + k^C{}_4\,\{\omega_1{}^2 d/^2 + \omega_1{}^2\delta_2{}^2/1 - \delta_4{}^2 \cdot \mathrm{var}(\varepsilon) + (\omega_1{}^2\delta_3{}^2 + \omega^2$

$+ 2\omega_1\omega\delta_3 + \omega_1^2\delta_3^2\delta_4^2/1 - \delta_4^2 + 1) \cdot var(\eta) + \omega_1^2\delta_3^2/1-\delta_4^2 \cdot var(\mu)\}$

여기서 $k^C_1 = \lambda c_1 + (1 + \lambda) v_1$

$k^C_2 = \lambda c_2 + (1 - \lambda) v_2$

$k^C_3 = (1 - \lambda) v_3$

$k^C_4 = (1 - \lambda) v_4$

(70) 으로 부터 도출된 1차 조건들은

(71) $d/ = -(k^C_1\pi_1 + k^C_3\ _1)/2k^C_2\ _1^2 + 2k^C_4\omega_1^2$ 부호: ?

(72) $\delta_2 = -k^C_2\pi\pi_1(1 - \delta_4^2)/k^C_2\pi_1^2 + k^C_4\omega_1^2$ 부호: < 0

(73) $\delta_3 = -k^C_4\omega_1\omega(1-\delta_4^2)/k^C_2\pi_1^2 + k^C_4\omega_1^2$ 부호: < 0

노동당(편의상 보수당과 같이 지지투표자집단에 주어지는 가중치를 λ로 가정)의 경우도 k^C_i를 k^L_i로 대체하고, 다음의 조건을 가정하면 보수당과 마찬가지의 결과가 도출된다.

$k^L_1 = (1 - \lambda) v_1$

$k^L_2 = (1 - \lambda) v_2$

$k^L_3 = \lambda l_1 + (1 - \lambda) v_3$

$k^L_4 = \lambda l_2 + (1 - \lambda) v_4$

부호의 유형은 다음과 같다. 왜냐하면 노동당 정부는 보수당 정부보다 높은 d/값을, 그리고 낮은 $|\delta_2|$, 높은 $|\delta_3|$의 값을 가진다는 것을 예측할 수 있기 때문이다.

$|k^C_1| > |k^L_1|$

$|k^C_2| > |k^L_2|$

$|k^C_3| < |k^L_3|$
$|k^C_4| < |k^L_4|$

다시 말하자면 노동당은 보수당에 비해 높은 재정적자나 통화량증가에 명목적인 충격보다는 실질적인 충격의 안정화에 비중을 둔다.

즉 보수당 정부는 물가상승을 억제하고 실질가처분소득을 안정화하려는 정책을 추구하는 반면 노동당 정부는 높은 적자예산, 화폐공급, 성장목표를 추구한다.

부동투표자는 기대효용(E_0V_T)을 극대화하며 기대효용은 각 정당의 정책에 의존한다. 따라서 노동당에 대한 투표자의 기대효용은 $E_0V^L_T$로 보수당에 대한 그것은 $E_0V^C_T$로 나타낼 수 있다. 부동투표자들은 $E_0V^L_T > E_0V^C_T$인 경우에는 노동당에, 그 반대의 경우에는 보수당에 투표할 것이다. 여기서 투표자는 미래지향적(합리적)이라고 가정하고 있으므로 합리적 기대는 t시점의 정보에 의존한다. 방정식(62)에 기대값을 취하면 (74)와 같은 방정식이 도출된다.

(74) $E_tV^G_T = v_1E_tP_T + v_2E_tP_T^2 + v_3E_tY_T + v_4E_tY_T^2$

집권당($E_tV^G_T$)과 달리 반대정당($E_tV^O_T$)에 대하여 투표자들은 충분한 정보를 가지고 있지 못하다. 그러나 일반적으로 보다 좋은 정보가 없을 경우 평균적으로 정책을 수행한다고 가정하는 것이 합리적이다. 이에 따라 (75)와 같은 방정식이 성립된다. P_t와 Y_t의 분산($varP_t$, $varY_t$)은 P, Y의 평균값에 대한 분산이고 /가 붙은 값들은 추세값을 의미한다.

(75) $E_tV^G_T - E_tV^O_T = \beta_1(E_tP_t - P_t/) + \beta_2(varP_t - P_t/) + \beta_3(E_tY_t - Y_t/) + \beta_4(varY_t - Y_t/)$

4) 만족모형

만족모형은 최적모형과 적어도 다음의 세 가지 측면에서 대비된다. ① 정보의 획득은 제한적이고 비용이 많이 든다. ② 대안들에 대한 선호는 부분적(*partial*)이며 필연적으로 이행적(*transitive*)이지 않다. ③ 재화에 대한 욕구는 충족가능하며 주관적 욕구수준을 반영할 수도 있다. 이런 가정 아래 만족모형은 최적모형의 가정에 대해 다음과 같이 비판한다.

첫째, 사전적 정책형성(*ex ante policy formulation*)의 가정이다. 정부는 위기가 발생할 때까지는 확립된 계획에 따라 정책을 수행하는 경향이 있으므로 경제정책은 정치적 또는 경제적 목표에 어긋나는 경우에 사후적 반응(*ex post reaction*)으로 실시된다. 달리 표현해서 목표함수가 바람직하지 못한 범역으로 이동하거나 이동하기 직전에 정부는 그 상황을 치유하고자 한다.

둘째, 정부는 필요한 정보를 소유하지 못할 수도 있고 경제나 유권자에 대한 현재와 미래의 행태에 상반된 정보를 가질 수도 있다. 그런 경우에 정부는 변화하는 정치와 경제상황에 적응하는 정책을 선호할 수도 있다.

P6. 모즐리의 모형(1984)

모즐리(Mosley)는 합리적 경제인 가정에 입각한 최적화 모형(P1~P5)에 대안적인 모형으로 만족모형을 제시한다. 모즐리의 만족모형은 다음과 같은 일곱 가지 원칙에 입각한다(Mosley, 1984: 76).

원칙 1: 최적의 상태가 아닌 수용 가능한 또는 만족할 만한 수준의 목표가 고정된 상태로 설정된다. 이러한 목표는 기업의 경우는 이윤, 판매, 재고 등인 데 반해 정부의 경우는 실업, 물가상승률, 외환보유고 등이다. 정책대안의 가능한 결과들에 대한 효용함수가 존재하며 그 값은 충분히 만족스러운가, 그렇지 않은가(*good enough and not good enough*)의 두 가지의 값만 가질 수 있다. 다시 표현하면 V(S)가 가능한 정책결과들의 집합 S에 대한 효용함수라고 한다면, V(S)는 두 부분으로 나누어진다. 하나는 V′로 1의 값을 가지며 다른 하나는 0의 값을 가진다.

원칙 2: 다양한 복수의 목표보다는 한 목표에 대하여 집중적, 순차적으로 정책대안을 고려한다. 예컨대 영국정부는 1962~1963년 겨울과 1971~1972년 겨울 실업위기에 가능한 정책수단을 집중적으로 사용했다. 따라서 한 목표를 집중적으로 해결한 이후 다른 목표를 해결한다.

원칙 3: 만족스러운 목표의 설정은 조기의 상이한 구성원들간의 타협으로 이루어진다.

원칙 4: 만족스러운 목표의 수준은 경직된 것이 아니라 유동적이다. 만족스러운 수준을 상회하느냐 그렇지 못하느냐에 따라 만족스러운 목표수준은 높게 또는 낮게 설정될 수 있다.

원칙 5: 특정 시점에 있어 목표변수에 대하여 만족스러운 결과를 가져올 가능성이 높은 정책수단에 대한 일련의 주먹구구의 규칙들이 존재한다. 이 주먹구구의 규칙들은 조직의 실행과정을 정의한다. 달리 표현하면 V′의 결과를 유도하는 과정 A′ 집합에 대하여 정책대안 A의 집합이 모색된다. A′, A*의 과정들 중에 하나가 실행된다.

원칙 6: 통상적 위기에 대하여는 새로운 대안이 모색되기보다는 기존의 표준화된 주먹구구의 규칙이 지속적으로 적용된다.

원칙 7: 기존의 의사결정규칙으로 해결이 불가능한 비통상적이거나 심각한 위기가 발생하였을 때는 새로운 대안이 모색된다.

최적모형과 모즐리의 만족모형이 상이한 점은 다음과 같이 다섯 가지로 요약된다.

〈그림 3-6〉 의사결정의 흐름도

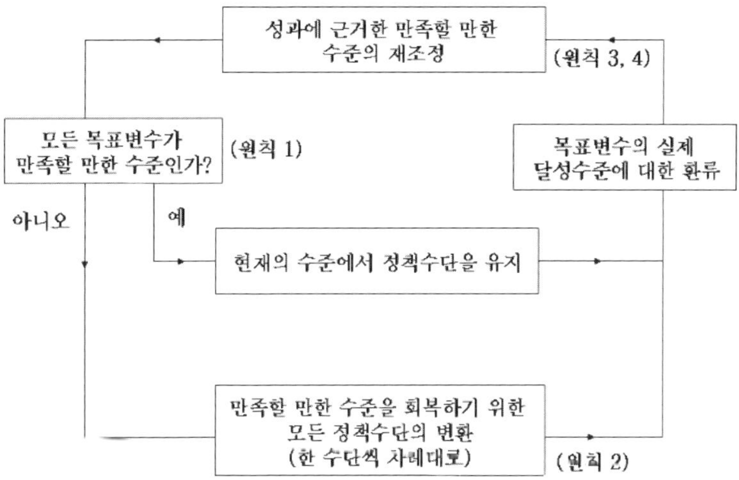

출처: Mosley(1984), p. 65.

첫째, 무한의 값이 아닌 0과 1의 두 가지 종류의 값을 가지는 효용함수.

둘째, 최적화가 아닌 주먹구구의 의사결정규칙.

셋째, 제약조건에 대한 제한된 정보에 대한 가정.

넷째, 기존의 축적된 지식으로는 해결이 불가능한 비통상적인 위기가 발생한 경우에 한해 새로운 대안의 모색.

다섯째, 만족스러운 목표수준은 실제의 목표달성도와 설정된 목표 사이의 차이에 의해 인식.

〈그림 3-6〉은 위의 원칙과 연관한 의사결정의 흐름도를 나타낸다.

이와 같은 원칙을 토대로 모즐리가 제시한 만족모형은 다음과 같다. x_t를 정책도구변수, y_i는 목표변수, y^*_i를 목표변수의 바람직한 수치라고 가정하면, t시점의 만족이론의 모형방정식은 (76), (77)과 같다.

〈그림 3-7〉 투표자의 만족영역과 위기영역

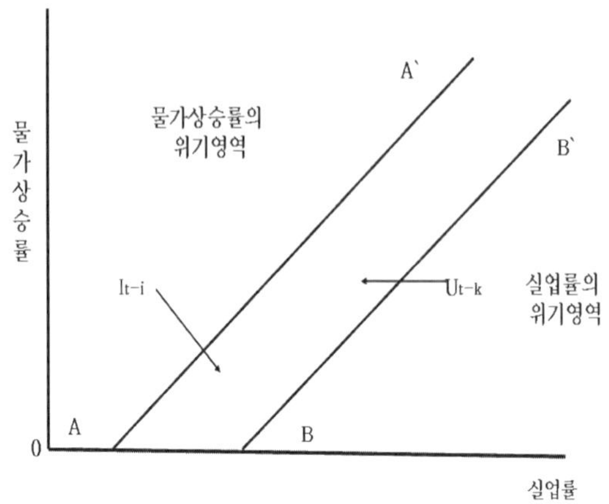

AA` : 물가상승률의 만족스러운 수준의 상한.
BB` : 실업률 만족스러운 수준의 하한.
AA` BB` 의 부분: 두 변수의 만족수준 영역

출처: Mosley(1984), p.111에서 재구성.

(76) $y_i < y^*_i$ 이면 $\Delta\chi_i(t) = \alpha + \beta_1 (y_i - y^*_i)_{(t-k)} + \beta_2 E$

(그렇지 않으면) $= 0$

여기서 k는 실증적으로 결정된 시차이고, E는 선거더미변수이다.

(77) $y^*_i(t) = MA(y_i)_t$: t시점의 y_i의 이동평균

이 모형은 파블로프의 반사효과와 유사하다. 경제가 위기의 상황에 빠져들면 적색등이 켜지고 정책도구가 자동적으로 그 위기에 반응한다.

논의의 단순화를 위해 정책도구변수를 실업률과 물가상승률에 국한시키면 각각의 변수에 대한 바람직한 수준을 결정할 수 있다. 〈그림 3-7〉에서 물가상승률과 실업률에 대한 추세선을 AA′, BB′와 같이 그리면 I_{t-i}점에서는 동일한 실업률 수준에서 물가상승률이 만족스러운 물가상승률의 추세선(AA′)보다 위쪽에 있기 때문에 물가상승률에 대

해서 위기를 느낀다. 한편 U_{t-i}점에서는 동일한 물가상승률 수준에서 실업률에서의 만족스러운 실업률의 추세선(BB′)보다 우측에 있기 때문에 실업률에 대해서 위기를 느낀다. 이러한 위기상태에서 투표자는 위기를 느낀 변수에 대해 관심을 집중하고, 정책이 변하지 않는 이상 투표자의 정치선호가 바뀌어 현 정부는 실각할 가능성이 있게 된다. 따라서 I_{t-i}점에서는 긴축정책을 U_{t-i}점에서는 확장정책을 수행한다. 이러한 과정에서 정부는 위기상황에 직면하여 득표극대화를 통해 재집권하기 위한 경제정책을 선택하며, 이로 인해 정치적 경기순환주기가 발생하게 된다.

모즐리의 모형은 정부와 투표자 모두 위기회피자(*crisis-averters*)로 가정한다. 정부는 장기적 목표에 따라 경제를 관리하지 않는다. 특정의 경제변수가 위기의 상태에 돌입하였을 때 반응한다. 투표자들도 경제상태가 아주 나빠졌을 때 이를 인식하게 된다. 정부가 특별히 경제를 잘 관리하는 것도 오히려 재선목적에 부정적으로 작용할 수 있다. 따라서 경제정책의 유일한 정치적 목표는 위기로부터 경제를 끌어내는 정도에 있다.

P7. 프레이-슈나이더모형 [취리히(Zürich)학파모형]

프레이와 슈나이더(Frey-Schneider, 1979)의 만족모형은 정부목적함수의 양면성을 고려한다. 즉 정부의 목표는 당파적 이념의 극대화에 있다. 그러나 이와 같은 이념적 목표를 달성하기 위해서는 재집권이 필수적이므로 이념적 목표의 극대화와 동시에 정치적 위기상황에서는 재선의 목표도 극대화해야 한다. 여기서 정치적 위기란 재선의 가능성이 낮다고 판단될 경우이다. 결과적으로 정부는 만족할 만한 지지도(*popularity*)를 얻고 있는 시기에는 이념적 목적함수를 극대화하지만, 지지도가 낮은 정치적 위기상황에서는 지지도를 높일 수 있는 정책을 추구한다. 물론 정치적 위기상황에 관한 판단기준은 신축적이다. 왜냐하면 선거 직후의 낮은 지지도는 선거 직전의 낮은 지지도보다 덜 심각하기 때문이다.

재선의 제약조건이 가장 필수적이지만 이외에도 정부의 정책은 행정제약조건(*administrative constraint*), 예산제약조건(*budget constraint*)에 의해서도 영향을 받는다. 행정적 제약조건이란 관료제는 지속적으로 과거수준에 비해 정부지출을 늘리려는 경향이 강하다는 것이다. 예산제약조건이란 정부가 조세수입을 많이 초과하여 세출을 확대하려 하지 않는다는 것이다. 다시 말해 예산적자의 폭을 확대하려 하지 않는다는 경향으로 특히 균형예산의 철학을 선호하는 국가에서는 더욱 그러하다.

이와 같은 제약조건을 고려하여 설정된 정책방정식은 다음과 같이 표기된다(Frey and Schneider, 1977: 32~34).

$$(78)\quad INSTR^{i}_{t+1} = a_0 + a_1 INSTR^{i}_{t} + a_2 TAX_t + a_3(1-Q)(POP_t - POP_0)^2 + a_4(1-Q)T + ID$$

$INSTR^{i}_{t}$: t기의 정책도구,
POP_t: t기의 실제 인기도
POP_0: 재선에 필요한 인기도
Q(더미변수) = +1 $(POP_t \geq POP_0)$
0 $(POP_t < POP_0)$
T: 다음 선거 전까지 재집권을 위하여 인기도를 높일 수 있는 유효한 시간
ID: 정부의 이념변수

방정식(78) 우변에서 $INSTR^{i}_{t}$는 행정제약조건 변수로 1차 시차변수로 설정하고 있으며, 이론적으로 a_1은 양의 부호를 가진다($a_1 > 0$). 예산제약조건을 나타내는 TAX_t는 조세수입으로 조세가 증가하면 세출도

증가할 수 있기 때문에 a_2는 양의 부호($a_2 > 0$)를 가진다고 가정할 수 있다. 다음으로 정부의 현재 인기도가 재선에 필요한 인기도보다 낮은 경우($Q = 0$) 정부는 인기도를 높이려는 정책을 추구할 것이다. 따라서 a_3는 양의 부호($a_3 > 0$)를 가져야 할 것이다. 선거의 시기에 근접할수록 재선을 위한 노력에 더욱 박차를 가할 것이기 때문에 a_4도 양의 부호($a_4 > 0$)를 가진다. ID변수는 재선이 확실한 경우($POP_t \geq POP_0$ 또는 $Q = 1$) 정부이념의 영향정도를 나타낸다. 따라서 인기도와 상관없이 이념에 의한 정책 도구를 사용하며, 집권당의 이념에 따른 정책선호의 차이가 발생하게 된다. 이를 방정식으로 나타내면 (79)와 같다.

$$(79)\quad ID = b_R \cdot R \cdot Q(POP_t - POP_0)^2 + b_L \cdot LQ(POP_t - POP_0)^2 + Q(1 - R)(1 - L)(POP_t - POP_0)^2$$

여기서 $R = 1\,(L = 0)$이면 우파당이 집권한 시기를, $L = 1\,(R = 0)$이면 좌파당이 집권한 시기를 의미한다. 방정식(79)는 다음과 같이 간단히 정리된다.

$$(80)\quad ID = [b_R \cdot R + b_L \cdot L + (1 - R)(1 - L)] \cdot Q(POP_t - POP_0)^2$$

여기서 다른 조건이 일정하다면 우파당은 정부지출을 감소하는 경향이 있는 반면, 좌파당은 지출을 증대하려는 경향이 있기 때문에 b_R은 음의 부호($b_R < 0$), b_L은 양의 부호($b_L > 0$)를 가질 것이다. 인기도 잉여가 존재하면 우파당이나 좌파당이 집권할 것이지만 두 정당 간에 연합이 형성된 경우에는 ID는 $[(1 - R)(1 - L)] \cdot Q(POP_t - POP_0)^2$과 같아진다. 따라서 이 경우에 정부는 우파당이나 좌파당의 이념적 목표에 치우지 않은 중립적인 정책을 추구하게 된다.

다음으로는 현재의 인기도 변수 POP_t에 대하여 살펴보자. 인기도

〈그림 3-8〉 프레이-슈나이더 모형의 순환도

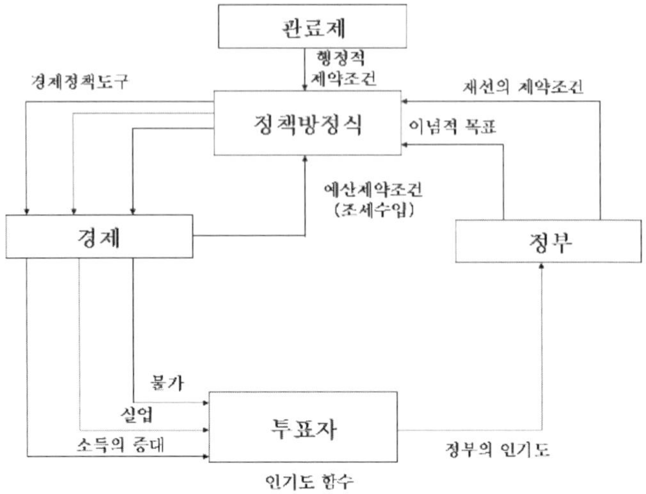

출처: Frey and Schneider(1979), p. 34.

함수(*Popularity Function*)는 경제의 상태에 대한 투표자들의 평가함수로 실업, 물가, 가처분소득에 영향을 받는다. 실업률(UR)과 물가상승률(IR)이 높아지고, 가처분소득의 성장률(YDG)이 떨어지면 인기도는 감소하게 된다. 이를 수식으로 표현하면 (81)과 같다.

(81) $POP_t = f(UR,\ IR,\ YDG)$;
$\partial f/\partial UR < 0,\quad \partial f/\partial IR < 0,\quad \partial f/\partial YDG > 0$

인기도 함수는 경제적 요인들뿐만 아니라 정치지도자의 개성 등과 같이 다른 변수에 의해서도 영향을 받는다. 따라서 인기도 함수에 이념적 변수를 R, L을 추가하여 설정하는 것이 바람직하다. R, L은 각각 우파당과 좌파당이 얻은 특정한 인기도의 수준을 나타낸다. 또한 두 정당이 연합한 경우에 정부의 인기도는 보다 높아질 것이라 예상된다. 방정식(82)에서의 변수 C는 연정시기에는 1의 값을 그렇지 않은 경우에는 0의 값을 가지는 더미변수로 연정 시에 증가된 인기도의 수준을 알려준다. 인기도 함수를 선형적 모형으로 설정하면 다음과 같다.

$$(82)\quad POP_t = c_0 + c_1UR + c_2IR + c_3YDG + c_RR + c_CC + c_{3L}L$$

c는 계수이며, 변수에 대한 시차는 선험적으로 설정될 수 없어서 생략하였다. 위의 내용을 요약하면 〈그림 3-8〉로 나타낼 수 있다. 여기서 제도적 개체는 경제, 투표자, 정부, 관료제로 구성된다. 순환도의 아랫부분에서는 경제의 성과를 인기도 함수를 통해 집권정부에 대한 만족·불만을 평기한다. 순환도의 윗부분에서는 정부가 경제에 미칠 영향의 정책방정식을 통하여 사용할 정책도구를 선택한다.

▪ 부록 1: 힙스의 간여시계열 모형[8)]

힙스는 자신의 이념적 정치적 순환주기가설을 검정하기 위하여 박스-젠킨스-티아오(Box-Jenkins-Tiao)의 다음과 같은 간여시계열 모형을 제시하였다.

박스-젠킨스, 박스-티아오 모형은 자기회귀(AR), 이동평균(MA), 혼합 자기회귀-이동평균 형태의 선형확률적 과정 실현으로서의 내생적 변수(이 경우는 실업률)에 대한 시계열분석 모형이다. ARMA 모형은 간여로 인한 내생변수의 기울기와 (또는) 수준의 변화를 측정하는데 기반을 제공한다. 간여의 발생(정부의 정치적 변화, 예컨대 노동당에서 보수당)은 이분적 변수(0, 1)나 또는 -1, +1과 같은 형태의 수치부여로 실현될 수 있으며 간여의 효과는 단순 전이함수(*transfer function*)로 설정된다.

힙스는 2차대전 이후 미국과 영국에 있어 정부의 정치적 성향변화 설명에 실업률 수준이 점진적 변화와 연관된다는 가설이 가장 설득력 있다고 전제하고, 다음과 같은 일반형태의 간여시계열 모형을 설정하였다.

$$(1)\quad U_t = \frac{\beta}{1-\delta L} G_{t-1} + \frac{\theta_0 + \theta_q(L)}{\phi p(L)(1-L)^d} a_t$$

여기서,

U_t: 민간 실업률(분기자료)

G_t: 노동당 또는 민주당 정부인 경우 +1

보수당 또는 공화당 정부인 경우 -1

---

8) D. A. Hibbs, Jr(1977)의 논문("Political Parties and Macroeconomic Policy," *APSR* 74(4), pp. 1467~87) 중 이론부분을 요약하였다.

β, δ: G_t의 변화에 따른 U_t의 영향계수

L: 시차연산자로 $LU_t = U_{t-1}$, $L^i U_t = U_{t-i}$

$(1 - L)^d$: 시차분차연산자

$$(1 - L)U_t = U_t - U_{t-1}, \quad (1 - L)^2 = (1 - 2L + L^2)U_t$$
$$= U_t - 2U_{t-1} + U_{t-2}$$

$\Theta_q(L) = 1 - \Theta_q L - \Theta_q L^2 - \cdots - \Theta_q L^q$

$\Phi_p(L) = 1 - \Phi_p L - \Phi_p L^2 - \cdots - \Phi_p L^p$

각각 p, q차의 MA, AR의 다항식

$\Theta_0 = U_t$에 있어서 자유도 d의 결정적 추세를 나타내는 상수

a_t: 0의 평균과 σ^2의 분산을 가지는 독립적으로 분포된 확률변수의 시계열

방정식 (1)은 실업률 시계열에 있어서 순수한 추세, 주기와 확률적 변동을 ARMA 모형으로 단순히 설정하고 있다. 이 모형에서 보수당과 공화당 정부의 집권시기에는 실업률 수준의 점진적 증가가 예상되고 반대로 노동당과 민주당 정부의 집권시기에는 실업률 수준의 점진적인 감소가 예상된다. 만약 정권교체가 n시점에 무한정 지속된다면(예컨대 $G_t = +1$ 모든 $t \geq n$), 실업률은 궁극적으로 균형값 $\beta/1-\delta$에 수렴하게 된다. 새로운 균형에 대한 적응률은 동적 계수 δ의 크기에 달려 있다. 새로운 정부의 거시경제정책은 알려져 있거나 즉각적으로 집행되지 않는다고 가정하였기 때문에 간여항 G_t는 한 시점(분기)의 시차가 있는 것으로 설정되었다.

■ 부록 2: 맥크레이의 모형[9)]

맥크레이(MacRae)는 투표자가 합리적이고 무한한 시간사고영역(*infinite time horizon*)을 가지고 전략적으로 투표한다면, 사회적으로 최적인 곳에서 장기적 실업과 물가상승을 선택할 수 있다고 보았다. 그의 모형을 설명하면 다음과 같다.

1) 문제

분석도구는 노드하우스의 모형에서 밝힌 것을 맥크레이는 다소 수정한다.

집권당의 경제정책결정의 문제는 2차의 손실득표함수와 물가와 실업 간의 동적 선형제약조건의 최적 통제문제로 정의된다.

(1) 정치적 목표

정당의 목표는 여러 가지가 있지만 그 중에서도 가장 중요한 것은 집권, 재집권에 있다. 그런데 민주주의 국가에서의 집권이나 재집권의 여부는 선거에 의하여 결정된다. 투표자의 집권당에 대한 찬·반 여부는 많은 변수에 의하여 영향을 받지만 특히 물가와 실업 등에 의한 영향이 크다고 할 수 있다. 다른 조건이 일정하다면 집권기간 동안 물가상승률과 실업률이 높을수록 집권당에 대한 반대표는 늘어날 것이다(〈그림 3-9〉 참조).

---

9) 맥크레이 모형은 〈표 3-1〉의 정치적 경기순환주기 모형의 유형 중 정당의 목적함수는 재집권 유인적이고, 투표자는 과거지향적인 노드하우스 모형과 미래지향적인 로고프-시버트 및 퍼슨-타벨리니의 모형을 동시에 검정할 수 있는 모형이어서 소개하고자 한다. 여기에 소개된 부분은 그의 논문 "A Political Model of the Business Cycle," *Journal of Political Economy*, 85: 239~263을 요약 재정리한 것이다.

〈그림 3-9〉 등득표손실 곡선

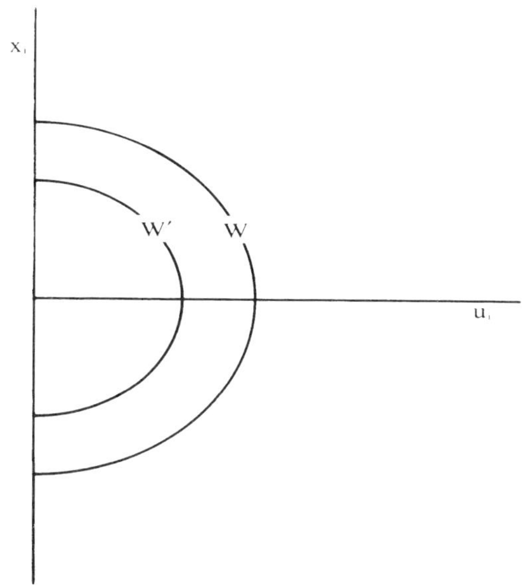

유권자의 불만족 수준, 즉 물가와 실업의 결과로 인한 득표의 손실 (득표손실함수)은 다음과 같이 표현된다.

(1) $W_i = W(x_i,\ u_i) = \frac{1}{2}qx_i^2 + \frac{1}{2}ru_i^2$

식 (1)에서
x_i: i 년도의 물가상승률
u_i: i 년도의 평균실업률
q, r: x_i, u_i의 가중치 (> 0)
W_i: 손실된 득표수

물가와 실업에 대한 불만으로 집권기간 동안 손실된 총투표수는 식 (2)와 같이 표현된다.

$$(2)\quad J=\sum_{i=1}^{N} W(x_i,\ u_i)$$

식(2)에서 N은 상수로 집권기간의 연수를 의미한다. 여기서 투표자들은 집권기간의 경제적 성과를 미시안적으로 투표한다고 가정한다. 그리고 정부는 거시정책문제와 관련하여 손실된 총투표수 J의 극소화 문제에 직면하게 된다.

(2) 경제적 제약조건

경제적 제약조건으로의 필립스 곡선은 식(3)과 같다.

$$(3)\quad x_i = ax_{i-1} - bu_i + c$$

식(3)에서 $0 < a < 1 \quad b,\ c > 0$

식(3)에서 현재의 물가상승률은 과거의 물가상승률과 현재의 실업률의 선형 함수이다.

단기적으로 x_{i-1}이 주어지면 물가와 실업 간에는 상충관계가 존재한다. 팽창정책은 상승된 물가의 대가로 실업을 줄일 수 있다. 마찬가지로 긴축정책은 증가된 실업의 대가로 물가를 잡을 수 있다. 식(3)에서 주지한 바와 같이 현재 물가와 현재 실업의 결합은 과거의 물가상승률로 결정된다. x_{i-1}이 높을수록 실업과 물가의 수준이 높아진다는 의미에서 두 변수 간의 상충관계는 악화된다. 반면 과거의 실업률이 낮을수록 상충관계는 호전된다.

물가와 실업 간에 단기적 상충관계가 존재할 뿐만 아니라 어떤 한 연도의 물가와 실업수준과 그 이후 연도의 물가와 실업의 결합 간에도 상충관계가 존재한다. i년도의 낮은 u_i는 높은 x_i를 초래할 뿐만 아니라 그 이듬해의 u_{i+1}와 x_{i+1} 간의 높은 상충관계를 야기할 수 있다. 만약 선택된 u_i 값이 너무 작아서 $x_i > x_{i-1}$ 이면 이듬해의 상충관계는 올해보다 악화될 것이다. 마찬가지로 올해의 실제물가상승률(x_i)이 예측물가상승률(x_{i-1})보다 작으면 이듬해의 물가와 실업의 상충관계는 개선된다. 따라서 선거연도의 낮은 실업과 낮은 물가(호전된 상충관계)의 향유는 선거연도 이전 해의 높은 실업(실질적인 경기침체)과 선거 이후의 악화된 상충관계를 받아들이는 것과 같다.

마지막으로 장기적으로 현재의 물가가 과거의 물가와 같고, $0 < a < 1$이면 물가(x)와 실업(u) 간의 상충관계는 식(4)와 같이 주어진다. 목표한 실업률의 달성을 위하여 요구되는 물가상승률은 가격예측에 대한 환류 때문에 단기($-b$)보다는 장기[$-b/(1-a)$]의 경우에 낮다. 극단적으로 $a = 1$ 인 경우는 실업과 물가 간에 상충관계가 존재하지 않는다. 왜냐하면 지속적으로 상승하는 물가상승률을 받아들이지 않고는 실업의 수준을 자연실업률(c/b)보다 낮게 줄일 수 없기 때문이다.

$$(4) \quad x = \left(\frac{-b}{1-a}\right)u + \frac{c}{1-a}$$

〈그림 3-10〉은 단기와 장기 필립스 곡선을 나타낸다. 특히 선거 해의 단기 상충관계 f_N은 전년도 물가상승률(x_{N-1})에 의해 결정된다. 장기 필립스 곡선(F)은 물가·실업의 무한한 모든 조합들의 궤적이다. 따라서 f_N은 x_{N-1}에서 F와 교차한다. $x_N = x_{N-1}$을 충족시키지 않는 실업률은 단기 필립스 곡선을 이동시킨다. 예컨대, 실업률 u_N은 x_{N-1}보다 높은 물가상승률 x_N과 선거 이듬해의 단기보다 악화된 상충관계(f_{N+1})를 초래한다. 만약 장기적으로 상충관계가 존재하지 않으면 F는 횡축에서 자연률과 교차하는 수직선이 된다. 장기적인 상충관계의 유무와 상관없이 단기적 상충관계가 존재하기 때문에 정치적 경기순환주기가 발생할 잠재성이 항상 존재한다.

〈그림 3-10〉 단기 · 장기 필립스 곡선

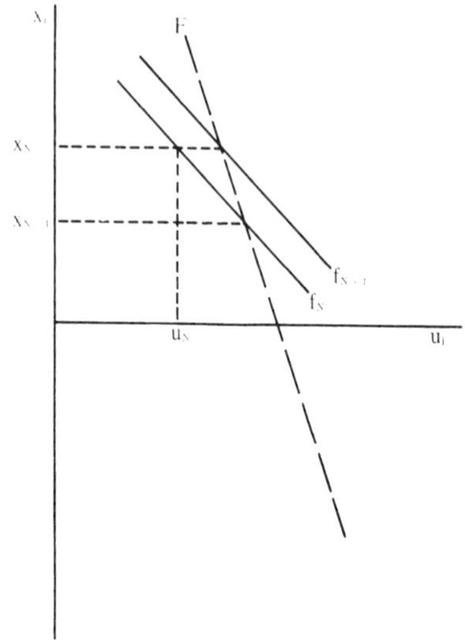

2) 해의 도출

집권당의 득표손실 극소화문제에서 최적해 도출은 선거가 있는 해와 선거가 아직 많이 남아있는 집권초기의 시점으로 나누어 생각해 볼 수 있다. 먼저 선거 해의 득표손실을 극소화하는 실업률은 전년도의 물가상승률의 함수이다. 다음으로 집권초기의 실업률은 전년도의 물가상승률의 함수임과 동시에 남은 집권기간 동안 득표손실 극소화 행태를 보인다는 가정 아래 도출된다.

(1) 선거가 있는 해

집권기간 동안 어떤 연도의 득표손실 극소화 문제는 남은 연수 동안 물가와 실업으로 인한 득표손실의 극소화 문제이다. 특히 선거연도의 득표손실 극소화 문제는 선거연도의 물가와 실업으로 인한 득표손실을 극소화하기 위하여 식(3)의 경제적 제약조건(전년도 실업률 x_{N-1}이 주어진 조건하에서) 아래 실업률(UN)을 선택하는 것이다.

$$(5)\quad \boldsymbol{W}_N = W(x_N, u_N)$$

이 문제를 풀기 위해서 식(1)을 식(5)에 대입한다.

$$(6)\ \boldsymbol{W}_N = \tfrac{1}{2}qx_N^2 + \tfrac{1}{2}ru_N^2$$

(3)의 제약조건 아래 U_N에 대하여 W_N을 극소화하면 선거연도의 실업률 U_N은 전년도 물가상승률 x_{N-1}의 함수관계식(7)이 도출된다.

$$(7)\ u_N = \left(\frac{abq}{b^2q + r}\right)x_{N-1} + \frac{bcq}{b^2q + r}$$

선거가 있는 해의 전년도 물가상승률은 식(7)을 (3)에 대입하여 식(8)과 같이 도출된다.

$$(8)\ x_N = \left(\frac{ar}{b^2q + r}\right)x_{N-1} + \frac{cr}{b^2q + r}$$

x_{N-1}의 감소는 식(7)과 (8)에서 볼 수 있듯이 낮은 상충관계를 가져온다. 다시 말해 물가와 실업의 상충관계에 있어 더욱 개선된 상충관계의 최적점을 가져온다.

마지막으로 식(7)과 (8)을 (6)에 대입하면 전년도 주어진 물가상승률 아래 선거연도의 최소 득표손실함수를 식(9)와 같이 얻을 수 있다.

$$(9)\ \boldsymbol{W}_N^* = \tfrac{1}{2}(k_{N-1} - q)x_{N-1}^2 + g_{N-1}x_{N-1} + \frac{\frac{1}{2}c^2rq}{b^2q + r}$$

여기서 k_{N-1}과 g_{N-1}은 식(10)과 (11)과 같이 정의된다.

$$(10)\ k_i = q + \frac{a^2 r k_{i+1}}{b^2 k_{i+1} + r}$$

$$(11)\ g_i = \frac{a r g_{i+1} + a c r k_{i+1}}{b^2 k_{i-1} + r}$$

여기서 $I = N - 1$, $k_{N-1} = q$, $g_N = 0$ 이다.

선거연도 집권당의 득표손실 극소화 행태를 기하학적으로 설명하면 〈그림 3-11〉과 같다. 투표자들의 선호는 등득표손실곡선 $W_N = W$로 나타나는 반면 물가와 실업의 단기적 상충관계의 가능한 유형은 f_N으로 주어진다. 정부는 가장 작은 등득표손실곡선(W_N^*)과 접하는 f_N상

〈그림 3-11〉 선거연도의 경제정책

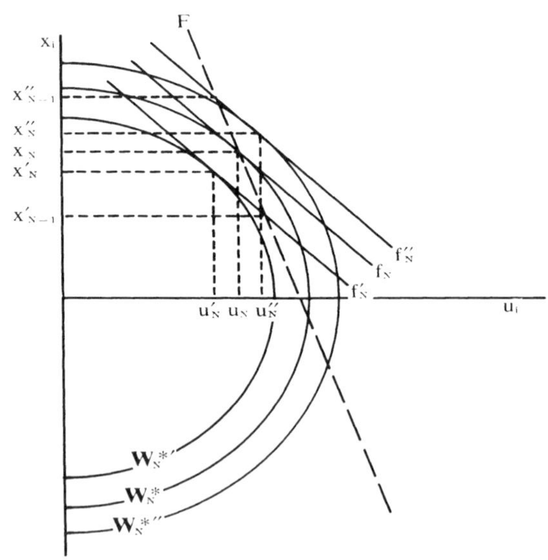

의 점 (u_i, x_i)를 선택한다. 물가와 실업의 관계는 동적이므로 선거연도 정부의 가능한 최적 경제정책은 전년도 물가상승률에 달려있다. 예컨대 선거연도 전해의 물가상승률이 x'_{N-1}이라면 선거연도의 단기적 상충관계는 직선 f'_N으로 표시된다. 물가상승률을 x'_{N-1}에서 x'_N으로 증가시키는 득표손실 극소화의 실업률은 u'_N이 선택된다. 그러나 선거 두 해전의 물가상승률이 x''_{N-1}이었다면 단기 상충관계는 f''_N이 되고, 득표손실은 물가상승률을 x''_{N-1}에서 x''_N으로 감소시키는 실업률 u''_N의 선택으로 극소화된다. 위의 두 경우 모두 선거연도의 물가와 실업의 결합유형은 장기적 상충관계 F상에 있지 않으며, 선거 이듬해까지 유지될 수 없다. 첫 번째의 경우 물가상승률과 실업률이 선거연도에 잠시 낮을 수 있지만, 두 번째의 경우는 두 변수가 잠시 높을 수 있다. 단기적 상충관계는 f_N이 되는 선거 두 해 전의 물가상승률이 $x_{N-1} = x_N$인 경우에만 (u_N, x_N)의 결합이 선거 후의 연도들에서도 가능하게 된다.

(2) 선거 이전의 연도들

선거가 있기 이전에 있는 각 연도들에 대한 전략을 알아보기 위하여 우리는 득표극소화 행태가 남은 연도 동안 지속적으로 이루어진다고 가정한다. 그러면, i번째 연도의 단기적 득표손실 극소화의 문제는 식 (12)와 같이 주어진다.

$$(12)\quad \boldsymbol{W}_i = W(x_i, u_i) + \boldsymbol{W}^*_{i+1}(x_i)$$

식(12)는 주어진 이전 연도의 물가상승률 x_{i-1}이라는 전제 아래 W_i는 i번째 연도의 실업(u_i)과 물가(x_i)로 인한 득표손실 W뿐만 아니라, $W_{i+1}{}^*$는 i번째 연도의 x_i의 선택과 관련하여 선거까지 남은 연도들에서의 최소한의 득표손실을 포함한다. 식(1)과 (9)~(11)로부터 식(12)

는 식(13)과 같이 다시 표기될 수 있다.

$$(13)\quad W_i = \tfrac{1}{2}k_i x_i^2 + \tfrac{1}{2}ru_i^2 + g_i x_i + \text{constant terms}$$
$$= \tfrac{1}{2}k_i(x_i - \hat{x}_i)^2 + \tfrac{1}{2}ru_i^2 + \text{constant terms}$$

여기서 물가의 단기목표는 식(14)로 표시된다.

$$(14)\quad \hat{x}_i = \frac{-g_i}{k_i}$$

I = N - 1, ···, 1에 대하여 k_i와 g_i는 식(10)와 (11)과 같이 주어진다. 식(13)에서 i 년도 물가상승률의 가중치는 q대신에 k_i이고 물가상승률의 단기목표 $\hat{x}_i$는 선거연도처럼 더 이상 0이 아니다.

경제적 제약조건(3) 아래 u^i에 관하여 W^i를 극소화 하면 i 년도의 실업률과 물가상승률에 대하여 식(15), (16)과 같은 결과를 얻게 된다.

$$(15)\quad u_i = \left(\frac{abk_i}{b^2k_i + r}\right)x_{i-1} + \frac{bck_i + bg_i}{b^2k_i + r}$$

$$(16)\quad x_i = \left(\frac{ar}{b^2k_i + r}\right)x_{i-1} + \frac{cr - b^2g_i}{b^2k_i + r}$$

식(10)에서 알 수 있듯이 $k_i > 0$이므로 u_i와 x_i의 최적수준은 x_{i-1}를 증가시킴으로써 증가된다. 마지막으로 선거연도까지 남은 기간 동안의 득표손실 최소화 함수는 식(17)과 같이 주어진다.

$$(17)\quad W_i^* = \tfrac{1}{2}(k_{i-1} - q)x_{i-1}^2 + g_{i-1}x_{i-1} + \text{constant terms.}$$

〈그림 3-12〉 선거 이전 연도들의 경제정책

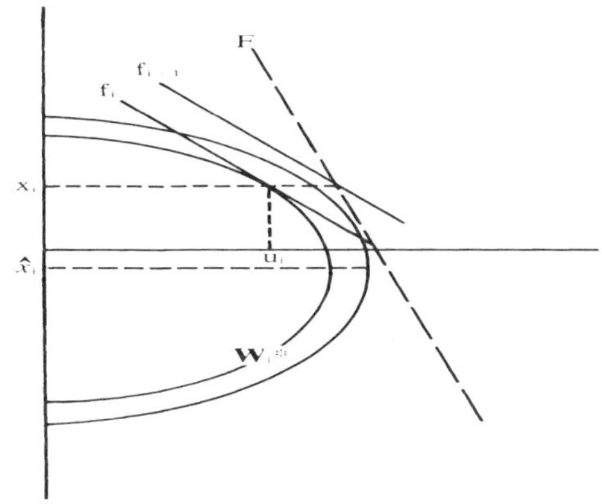

〈그림 3-12〉는 i 년도 정부의 문제를 보여준다. 단기 가중치 k_i 와 r 및 물가와 실업에 대한 목표치가 각각 $\hat{x}_i$ 와 0 으로 주어진 조건 아래 정부는 가장 작은 단기 등득표손실곡선 W_i*에 접하는 단기 필립스 곡선 f_i에서 점을 선택한다. 다음 해에는 단기적 상충관계가 f_{i+1}가 될 것이며, 이에 따라 등득표손실곡선은 새로운 가중치 및 목표치와 보조를 맞추기 위하여 이동하게 될 것이다. 이런 방식으로 집권 전기간 동안 득표손실 극소화의 문제는 단기 정치적 목표가 시간에 따라 변화하는 경우 단기 문제의 연속으로 구성된다.

3) 분석

여기서는 시간에 따른 단기 득표손실함수의 행태를 도출하고, 선거와 선거사이의 기간 동안 경제에 의한 턴파이크(*turnpike*) 행태가 집권당의 득표손실 극소화 행태에서 야기된다는 것을 보이려 한다. 턴파이크 행태는 선거주기와 일치하는 안정된 경기변동의 주기를 발생시키는 것으로 논증된다. 따라서 경기변동 없이 최적의 장기적 사회후생을 달성하기 위해 투표자들은 전략적 투표해야 한다는 교훈이 도출된다.

(1) 물가상승률의 가중치와 목표치

〈그림 3-12〉에서 알 수 있듯이 시간에 따른 경제의 행태는 궁극적으로 단기 득표손실함수(W_i)에 나타난 물가의 가중치와 목표치(k_i와 $\hat{x}_i$)에 의해 결정된다.

i 년도가 선거연도로부터 멀어짐에 따라 k_i가 어떻게 변화하는지를 알아보기 위하여 식(10)을 사용하여 k_{i+1}의 함수로서 k_i의 궤적을 그려 볼 수 있다. 이 함수의 기울기는 식(18)과 같이 주어지며 모든 k_{i+1}에 대하여 양의 값을 가진다. 그리고 이 값은 k_{i+1}이 무한대로 증가함에 따라 0에 수렴한다. 따라서 〈그림 3-13〉에서 i 년도가 선거연도에서 멀어짐에 따라 k_i는 q 이상으로 지속적으로 증가하며, 점근적으로 k값에 수렴한다. 이것은 선거연도로부터 멀리 떨어진 시점일수록 실업에 비해 물가의 선택이 보다 중요하다는 사실을 반영한다. 왜냐하면 현재의 물가수준은 다음 선거까지 남은 기간 동안 내내 미래의 단기 물가·실업 상충관계에 대한 영향을 통하여 득표손실에 영향을 줄 것이다.

$$(18) \quad \frac{dk_i}{dk_{i+1}} = \frac{a^2 r^2}{(b^2 k_{i+1} + r)^2}$$

식(14)에 따른 단기 물가상승의 목표 $\hat{x}_i$는 k_i와 g_i의 함수이다. 식(11)로부터 기울기가 1보다 작은 ($k_{i+1} > 0$에 대하여) k_{i+1}이 주어진 조건에서 g_i은 g_{i+1}의 선형함수이다. i 년도가 선거연도로부터 무한대로 증가함에 따라 식(11)의 기울기와 절편은 유한값에 접근한다. 따라서 선거해의 목표치가 0인 경우를 제외하고는 단기 물가상승 목표치는 항상 음의 값이며, i 년도가 선거연도로부터 증가함에 따라 유한 음의 값에 수렴한다. 이는 집권초기에는 어느 정도의 디플레이션이 바람직하다는 것을 의미한다. 왜냐하면 나중에 선거시기 즈음하여 활용할 수 있는 투자의 한 형태이기 때문이다.

〈그림 3-13〉 단기 물가상승률의 가중치

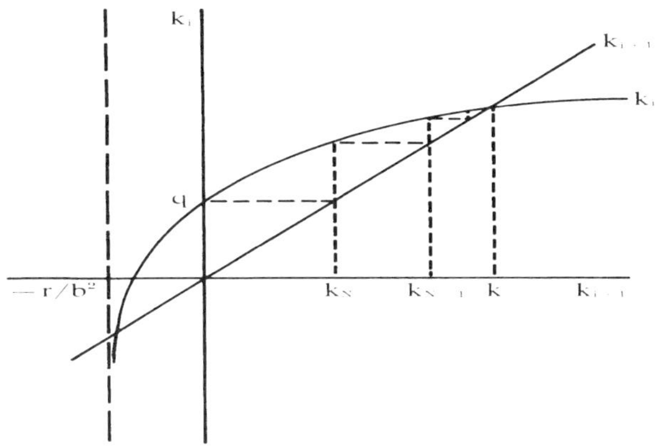

k_i의 안정상태 수준은 식(10)으로부터 유도될 수 있다. $k_i = k_{i+1} = k$로 놓으면 양의 해가 안정상태의 값이 되는 2차방정식이 (19)와 같이 도출된다.

(19) $b^2k^2 + [r(1 - a^2) - b^2q]k - qr = 0$

g에 대한 안정상태의 값은 같은 방법으로 식(20)으로부터 얻어질 수 있다.

(20) $g = \dfrac{acrk}{b^2k + r(1 - a)}$

그리고 단기의 물가 안정상태의 목표치 $\hat{x}_i$는 (21)과 같이 주어진다.

(21) $\hat{x} = \dfrac{-g}{k}$

〈그림 3-14〉 장기적 경제정책

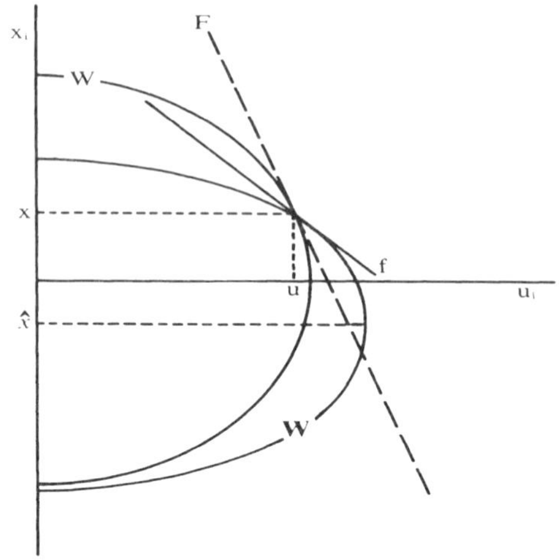

(2) 물가상승률과 실업의 턴파이크

i 년도가 선거연도로부터 무한대로 증가함에 따라 물가와 실업의 수준은 W(k, $\hat{x}$)에 의해 특징지어지는 단기 득표손실함수곡선과 함께 단기필립스 곡선 f의 접점을 대표할 뿐만 아니라 장기필립스 곡선 F와 최저의 연간 득표손실함수 곡선과 접하는 점을 나타낸다. 이 내용은 〈그림 3-14〉에 잘 설명되어 있으며 수식으로도 증명이 가능하다. 먼저 k와 g를 식(16)에 대입하면 식(22)를 얻을 수 있다.

$$(22)\quad x_i = \left(\frac{ar}{b^2k + r}\right)x_{i-1} + \frac{cr - b^2g}{b^2k + r}$$

$ar/b^2k + r$ 이 1보다 작기 때문에 장기적으로 x_i가 (23)의 값으로 수렴한다.

$$(23)\quad x = \frac{cr - b^2 g}{b^2 k + r(1 - a)}$$

식(20)을 식(23)에 대입하면 g를 소거할 수 있으며 식(24)를 얻게 된다.

$$(24)\quad x = \frac{cr(1 - a)(b^2 k + r)}{[b^2 k + r(1 - a)]^2}$$

한편 k를 소거하기 위하여 식(24)로부터 식(19)를 다시 표현하면 식(25)가 된다.

$$(25)\quad b^2 k^2 + 2rk(1 - a) = b^2 kq + rq + rk(1 - a)^2$$

그리고 식(25)의 양변에 b^2을 곱하고, $r^2(1-a)^2$을 더해준 뒤 인수분해하면 식(26)이 성립된다.

$$(26)\quad [b^2 k + r(1 - a)]^2 = (b^2 k + r)[b^2 q + r(1 - a)^2]$$

마지막으로 식(26)을 식(24)에 대입함으로써 장기 물가상승률을 얻을 수 있다.

$$(27)\quad x = \frac{cr(1 - a)}{b^2 q + r(1 - a)^2}$$

또한 장기 실업률의 수준도 식(27)을 식(4)에 대입하여 구할 수 있다.

$$(28)\quad u = \frac{bcq}{b^2q + r(1 - a)^2}$$

따라서 장기 필립스 곡선의 제약조건(식 4) 아래 식(1)에 의하여 정의된 득표손실함수의 극소화는 x와 u의 결합이라는 사실의 규명이 쉽게 이루어졌다. 따라서 선거주기가 무한이라면 집권당에 의한 득표손실 극소화 행태는 장기적인 최적의 득표손실을 달성하게 될 것이다.

이제 우리는 장기적 관점의 물가와 실업(x, u)에 대한 분석결과를 선거주기 간 경제행태를 설명하는 데 적용할 수 있다. 집권초기에 k_i와 $\hat{x}_i$는 k와 $\hat{x}$에 근사하며, 선거주기가 길수록 근사의 정도가 높아진다. k_i와 $\hat{x}_i$가 여전히 k와 $\hat{x}$에 근사한 반면, 집권초기의 물가와 실업은 장기적인 최적의 물가상승률과 실업률을 향하여 진행한다. 선거주기가 길어질수록 x와 u에 근접하는 시간은 더 소요된다. 선거가 다가옴에 따라 k_i와 $\hat{x}_i$는 k와 $\hat{x}$로부터 이탈이 시작되어 k_N이 q까지 감소하고, $\widehat{x_N}$이 음의 값에서 0으로 상승하게 되는 선거연도까지 지속된다. 마지막으로 선거연도의 물가와 실업 수준은 단기필립스 곡선 W의 접점에 의하여 결정되므로 x_N이 x보다 크고 u_N은 u보다 작아진다. 따라서 경제는 처음에는 장기 최적의 물가와 실업 수준 x와 u를 향해 움직이지만 선거가 가까워짐에 따라 집권당의 결정된 시관이 짧아지므로 장기균형점으로부터 이탈하는 턴파이크 행태를 보인다.

(3) 경기변동 주기

선거주기에 대한 집권당의 시계는 다음 선거에 한정된다. 따라서 경제정책은 오직 차기선거에서 득표손실을 극소화하는 것이다. 선거가 일단 끝나면 시계는 다음 선거로 이동된다. 그러면 어느 정당이 되었던 집권당은 집권기간 동안 차기 선거에서 득표손실을 극소화하는 물가와 실업률을 결정하게 된다. 결과는 매 선거주기마다 턴파이크 행태의 반복이 된다. 선거 직후 경제는 턴파이크를 향해 움직이나 다음 선거가 다가옴에 따라 이로부터 이탈하게 된다.

한 선거연도에 주어진 물가가 x_O라고 하면, 차기 선거기간의 물가는 식(16)을 순환적으로 풀어 다음과 같은 결과를 얻게 된다.

$$(29)\quad x_i = \Phi_i x_0 + \Psi_i$$

모든 $i = 1, \cdots, N$에 대하여 $\Phi_0 = 1$ 이면,

$$(30)\quad \Phi_i = \frac{ar}{b^2 k_i + r}\Phi_{i-1}$$

$\Psi_0 = 0$ 이면,

$$(31)\quad \Psi_i = \Phi_i \sum_{j=1}^{i} \left(\frac{1}{\Phi_j}\right) \frac{cr - b^2 g_j}{b^2 k_j + r}$$

특히 ρ번째 선거의 선거연도 물가는 지난번 선거의 선거연도 물가가 $x_{N(p-1)}$ 인 경우 다음과 같다.

$$(32)\quad x_{Np} = \Phi_N x_{N(p-1)} + \Psi_N$$

더욱이 경제가 불안정하지 않으면($a < 1$), Φ_N이 1보다 작아져 경제는 제한된 경기변동주기에 수렴하게 된다. 이에 따라 이 주기의 마지

막 연도의 물가는 식(33)의 고정값에 수렴한다. 그리고 이 주기 동안 다른 연도들의 물가는 식(33)을 (29)에 대입하면 결정된다.

$$(33)\quad x_N = \frac{\Psi_N}{1 - \Phi_N}$$

실업률은 이 주기 동안의 물가상승률을 식(15)에 대입하면 얻어진다. 따라서 k_i와 g_i는 각기 k와 g보다 작기 때문에 정부의 득표손실 극소화 행태는 장기 최적 물가상승률보다 항상 높은 물가상승의 안정된 경기변동주기를 초래한다.

(4) 전략적 투표

민주사회에서 유권자들의 미시안적 투표행태로 인한 정치적 경기순환주기가 발생한다면 이를 제거하기 위한 방안은 무엇인가? 이에 대한 대답은 유권자들이 전략적으로 투표하는 것이다. 민주사회에서 정부에 대한 주요한 통제 중의 하나는 투표를 통해서 하는 것이다. 유권자들은 집권당이 유권자들의 투표행태에 어떻게 반응하는지를 학습하고 집권당의 반응행태에 적절히 적응해야 한다. 따라서 유권자는 자신의 의지 표현에 미시안적이어서는 안 되며, 자신의 현재 행태가 미래의 경제상황에 영향을 미쳐서는 안 된다. 다시 말해 전략적인 투표를 해야만 한다.

식(1)의 후생손실과 식(3)의 물가·실업의 상충관계의 경우 유권자는 선거연도를 제외한 모든 연도의 후생손실함수와 동일한 각 i년도의 전략적 득표손실함수를 공유해야 한다. i년도의 득표손실함수는 다음의 형태를 가져야 한다는 것을 의미한다. 여기서 q_i와 $\hat{x}_i$는 i년도의 전략적 가중치와 목표이고, $I \neq N$인 모든 i에 대하여 각각 q, 0과 같다.

$$(34)\ W_i = \tfrac{1}{2}q_i(x_i - \hat{x}_i)^2 + \tfrac{1}{2}ru_i^2$$

그러나 선거연도에는 유권자의 득표손실함수가 한 물가안정의 목표로부터 $\widehat{x_N} = \hat{x}$인 디플레이션의 목표로 변환되었다가 이 물가안정의 목표는 q로부터 k까지 증가하여 $q_N = k$가 되어야 한다. 그러면 식(10), (11), (14)에서 알 수 있듯이 단기 가중치와 목표 k_i와 $\hat{x}_i$는 선거주기의 모든 해에 k, $\hat{x}$와 같아질 것이다. 총손실득표수를 극소화(식 2)하기 위한 총수요정책을 결정하는 집권당은 선거주기 해마다 식(35)와 같은 단기 득표손실의 문제에 직면하게 된다.

$$(35)\ W_i = \tfrac{1}{2}k(x_i - \hat{x})^2 + \tfrac{1}{2}ru_i^2 + \text{constant terms}$$

식(3)에서 알 수 있듯이 미래의 물가와 실업에 u_i는 영향을 미칠 수 없고, x_i만을 통해 할 수 있기 때문에 선거연도에 유권자가 실업에 대하여 부과한 목표와 수치는 변경되어야 할 필요가 없다. 가격변화에 대한 목표는 디플레이션의 목표가 되었다가 증가되어야 한다. 왜냐하면 유한의 시계를 가진 집권당은 이러한 변화 없이 무한의 시계를 가진 온정적 독재자처럼 행동할 수 없기 때문이다. 이런 방식으로 정부는 주기적인 선거 동안 책임을 질 수 있는 반면 공익을 증진시킬 수 있다. 마지막으로 유권자는 공공의지를 효과적으로 공유하여 스스로 집권당의 경제적 문제를 풀어야 한다. 그러나 이것은 정부가 그러한 것처럼 경험에 의한 학습을 통해 적응적으로 해야 한다. 유권자는 더도 말고 덜도 말고 정부만큼의 세련됨이 필요하다.

2. 기존 실증연구의 검토: 외국의 사례

노드하우스가 수학적 논리를 사용하여 정치적 경기순환주기이론을 주장한 이래로 수많은 실증적 연구들이 쏟아져 나왔으나, 그 결과가 상반되는 경우가 많았다. 간략하게 주요한 실증적 연구들을 살펴보자.

노드하우스는 9개국(1947~1972)을 대상으로 자신의 이론을 검정하였다. 자신의 수학적 모형의 결과(임기동안 실업률이 계속 떨어진다)와는 달리 실증적 연구를 위해 "T 임기동안 전반 T/2 동안은 실업률이 상승하고 후반 T/2 동안은 실업률이 하락한다"는 가설을 검정하였다.

검정결과, 정치적 경기순환주기 현상이 미국, 독일, 뉴질랜드와 같은 나라에서는 현저하게 나타나고, 프랑스, 스웨덴에서는 다소 나타나는 반면에 오스트레일리아, 캐나다, 일본에서는 찾아볼 수 없었다. 터프트(Tufte, 1978)는 1946~1976년에 실업률자료에서 정치적 경기순환주기를 확인하였으며, 같은 기간 동안 실질가처분소득(*real disposable income*)의 경우는 2년의 순환주기를 찾아냈다.[10)]

팔담(Paldam, 1979)은 17개 OECD국가들을 비교하였는데 노드하우스의 연구결과보다 약한 정치적 경기순환주기 현상을 찾아냈다. 슈미트(Schmidt, 1983)는 10개의 OECD(1960~1979)국가들을 분석하였으나, 정치적 경기순환주기 현상을 전혀 찾아내지 못했다.

한편, 간여시계열분석(*intervention analysis*)을 한 톰프슨과 주크(Thompson and Zuk, 1978)는 터프트의 결과를 반박하였다. 켈만과 이즈랄리(Kellman and Izralei, 1985)는 각국의 시계열 및 횡단분석을 결합하여(*pooled-time series analysis*) 다소 긍정적인 결과를 얻었다.

비교연구와 더불어 특정국가에 국한된 실증적 연구도 활발히 진행

---

10) 또한 터프트는 27개의 선진민주국가에서 1961~1972년 동안의 실질가처분소득(*real disposable income*)과 선거와의 관계를 살펴보았는데, 그 중 19개국에서 정치적 경기순환주기의 현상을 찾아냈다.

됐다. 미국과 관련하여 아마처와 보이스(Amacher and Boyes, 1979), 헤이스와 스톤(Hayes and Stone, 1989)은 긍정적인 연구결과를 찾아낸 데 반해, 포터라바(Poteraba, 1980), 벡(Beck, 1983), 루이스-벡(Lewis-Beck, 1985), 채플과 키치(Chappell and Keech, 1985)는 부정적인 결과를 규명해냈다. 영국 및 프랑스의 경우 마로니와 스머록(Maloney and Smirlock, 1981), 그리고 케일(Keil, 1988)은 긍정적인 결과를 얻은 반면 먼로(Monroe, 1980), 알트와 크리스탈(Alt and Chrystal, 1983)은 그 반대의 결과를 찾아냈다. 독일의 경우 딘켈(Dinkel, 1981)은 부정적인 결과를 찾은 반면, 휴브카와 오버맨(Hubka and Obermam, 1977), 그리고 브로이스(Breuss, 1980)는 오스트리아에서 긍정적인 결과를 얻었다. 소렌슨(Sorensen, 1980)은 노르웨이의 경우에 제한적으로 긍정적인 결과를 찾아냈다.

이와 같은 노드하우스 이론에 대한 상반적 결과들은 새로운 두 경향의 실증연구의 대두를 가져왔다. 하나는 합리적 기대가설에 입각한 비판으로 맥칼럼(McCallum, 1978)은 루카스-사전트(Lucas-Sargent) 가설에 따라 필립스 곡선의 역의 상관관계를 부인하였고 정부의 경제정책이 경기변동을 초래할 수 없다고 하였다. 그의 미국에 대한 실증검정(1948~1974) 결과는 합리적 기대가설을 입증하는 것이었다.

다른 하나는 힙스에 의해 대표되는 것으로 그는 재선만이 목적이라는 정당의 목적함수 가정에 의문을 제기하고, 정당은 이념적으로 연계된 경제, 사회정책 목표가 있다는 가정 아래 실증연구를 하였다. ARIMA를 통한 분석(1948(1)~1972(4))으로 노드하우스와는 다른 유형의 이념적 정치적 경기순환주기이론을 검정하였다. 벡(Beck, 1980)의 경우 공화당 대통령보다는 민주당 대통령의 통화정책이 더욱 팽창적이라는 사실을 발견하였으나, 케네디와 닉슨 행정부는 이 유형에 맞지 않는다는 사실을 찾아냈다. 같은 정당의 다른 행정부가 서로 다르게 경제정책을 추구한다고 주장하였다. 따라서 힙스처럼 정당에 초점을 맞추는 것보다 행정부(*Administration*)에 초점을 맞추어 연구하는 것이 보다 합리적이라고 제안하였다. 이런 맥락하의 실증연구도 상반된 결과를 보이고 있다(Harvilesky, 1987; Hibbs, 1977; Beck, 1980; Allen, 1980; Hakes, 1988).

〈표 3-2〉 정치적 경기순환주기에 관한 실증적 연구 요약

기회주의적 모형	▶ 긍정적 결과: Nordhaus(1975), Tufte(1978), Hubka and Oberman(1977), Lachler(1978), Amacher and Boyes(1979), Breuss(1980), Maloney and Smirlock (1981), Kellmand and Izralei(1985), Grier(1987), Keil(1988), Hayes and Stone(1989) ▶ 부정적 결과: McCallum(1978), Alt(1980), Golden and Poterba(1980), Monroe(1980), Dinkel(1981), Thompson and Zuk(1983), Schmidt(1983), Alt and Chrystal(1983), Shuhgart and Tollison(1985), Chappell and Keech(1985), Allen, Sulock and Sab(1986), Lewis-Beck(1988) ▶ 비결정적 결과: MacRae(1977), Paldam(1979), Sorensen(1980)
이념적 모형	▶ 긍정적 결과: Hibbs(1977), Beck(1982), Hibbs and Fassbender(1981), Harrilesky(1987) ▶ 부정적 결과: Hakes(1988)
합리적 이념주의 모형	▶ 긍정적 결과: Alesina and Rosenthal(1986), Klein(1986), Alesina(1988), Alesina and Sachs(1988)
합리적 기회주의 모형	▶ 긍정적 결과: Gonzlez(1999), Shi and Svenson(2000), Drazen(2000)

최근 들어 알레지나나 로고프와 시버트는 합리적 기대가설에 입각하여 정치적 경기순환주기 이론을 수정, 보완하고 있다. 합리적 이념주의 모형의 실증적 연구는 미국을 대상으로 한 알레지나(1988), 전후 미국을 표본으로 한 알레지나와 삭스(Sachs) (1988) 및 1914년부터 1988년을 대상기간으로 한 알레지나와 로젠탈(Rosenthal) (1995)의 연구가 대표적이라 할 수 있다. 이 연구들은 GNP성장과 실업에 일시적인 정당이념효과(*transitory partisan effect*)가 존재하였다는 결과를 제시하였다. 또한 100여 년 이상의 미국시계열자료를 사용한 클라인(Klein, 1996)의 연구도 긍정적인 결과를 도출하였다.

한편 로고프와 시버트의 합리적 기회주의 모형에 입각한 대표적 실증연구는 곤잘레스(Gonzalez, 1999)와 시와 스벤슨(Shi and Svenson, 2000)의 연구를 들 수 있다. 1950년부터 1997년을 대상으로 하여 43개국의 표본에 대한 곤잘레스(1999)의 연구는 정치적 예산주기를 발견하였으며, 1975년부터 1995년까지 23개국에 대한 시와 스벤슨(2000)의 연구도 재정적 측면의 정치적 경기순환주기를 찾아냈다. 그리고 로고프와 시버트의 모형을 확장한 드라젠(Drazen, 2000)의 연구도 긍정적인 결과를 보여주었다.

| 제 4 장 |

한국에서의 선거와 경제

정치적 경기순환주기의 실증연구

1. 기존 실증연구의 검토: 한국의 사례

정치적 경기순환주기가설은 민주주의 성숙도가 높고 경제도 비교적 안정된 선진국을 대상으로 하여 활발히 연구되었다. 그동안 민주화의 성숙도가 낮았던 한국에서는 비교적 이에 관한 연구가 거의 없었으나, 1987년 6·29 선언 이후 민주화가 급속히 촉진되면서 연구가 꾸준히 이루어졌다. 먼저 소병희의 연구(1982, 88)는 민주주의제도가 확립되어 있지 않은 나라에서 선거와 경기순환의 관계가 별 의미가 없을 것이라는 생각은 속단이라고 평가한다. 민주주의 국가보다 더 강한 권한을 가진 정부라면 경제상태를 포함하여 선거에서 유리해질 수 있는 제반 여건을 디 쉽게 조성할 수 있을 것이므로, 정치적으로 야기된 경기순환이 존재할 가능성이 있다는 가정에서 출발한다. 1961~1979년 기간 동안 각종 선거와 경제정책 및 경제상태를 국민의 정치적 불만도와 관련하려 회귀분석을 시도하였다. 짧은 기간의 자료와 측정지표 등의 문제로 인해 분석결과에 신뢰성 문제가 제기될 수 있으나, 한국에서도 정치적 경기순환주기의 존재를 암시하는 출발점이 되었다.

안철원·박두태·허창수의 연구(1987)는 통화정책에 대한 선거의 영향을 분석하였는데, 비교적 긍정적인 결과를 얻었다. 1차적으로 선거 전후 통화량의 변화를 알아보기 위해 선거 전 3분기와 선거 후 3분기 동안의 전년도대비 통화량증가율의 평균치를 산출 비교하였다. 그 결과 선거가 있으면 본원통화의 전년도대비 증가율이 선거 전 3분기 동안에는 평균 6.43% 포인트 상승하며, 통화(M1)의 경우에는 평균 3.16% 포인트, 총통화(M2)의 경우는 1.45% 포인트 상승한 것으로 나타났다. 2차적으로는 정책반응함수(*Policy Reaction Function*)[1]를 사

---

1) 정책반응함수에 관하여는 알트와 크리스탈(Alt and Chyrstal, 1983), pp. 126~148 참조.

용하여 회귀분석[2]을 시도하였으며, 제한적이지만 선거변수가 통화량 변화에 영향을 준다는 사실을 밝혀냈다.

최광 · 노봉래(1988)는 우선 소비자물가상승률, 실업률, 명목가처분 소득 및 세출의 경제변수에 대해 개별적으로 분석하였다. 그들은 짧은 분석기간(1965~1985)[3]으로 인해 한계점이 인정되나, 한국에서도 정치적 경기순환주기의 현상이 존재하며, 이는 재정운용에 의해서보다는 통화정책에 의한 것이라 주장한다. 또한 이들은 프레이-슈나이더(Frey-Schneider, 1978)의 정부지지함수(*Government Popularity Function*)와 정책함수(*Policy Function*) 모형을 사용하여 검정한 결과 정치적 경기순환주기의 현상을 찾아볼 수 없었는데, 이러한 결과는 부분적으로는 정부지지도를 측정할 수 있는 자료의 부재[4]와 짧은 분석기간에 그 원인이 있다고 피력한다.

한편 심상달 · 이항용(1992)은 7변수 벡터자기회귀모형(*Vector Autoregressive Model*)을 설정하여, 1973년 2분기부터 1991년 3분기까지의

---

2) 사용된 정책함수모형은 다음과 같다.

$$DM_{it} = \alpha_0 + \sum_{j=0}^{n} \beta_j P_{t-j} + \sum_{j=0}^{n} \gamma_j Y_{t-j} + \sum_{j=0}^{n} \delta_j U_{t-j} + \sum_{k=0}^{s} \varepsilon_k E_{t-k} + \omega_t$$

여기서 DM은 통화량변수들의 전년도동분기대비 증가율이고, P와 Y는 소비자물가지수, 실질국민총생산의 전년도동분기대비 증가율이며, U는 분기별 실업률이다. 그리고 E는 선거더미변수로 선거가 있는 분기는 1이고 그렇지 않는 분기에는 0이다.

3) 소비자물가상승률과 실업률은 분기별 자료를, 명목가처분소득과 세출에 대해서는 연도별 자료를 분석하였다. 각 경제변수에 대한 분석결과는 소비자물가상승률과 실업률은 긍정적인 결과를 얻었으나, 명목가처분소득과 세출의 경우는 부정적인 결과가 나타났다. 따라서 1965년부터 1985년까지의 짧은 분석기간에 따른 분석결과의 신뢰성문제는 특히 연도별 자료를 사용하는 변수에 나타날 가능성이 있다.

4) 미국 · 영국 등의 선진민주국가에서는 선거와 관련된 각종 여론조사가 활성화 되어있다. 따라서 여론조사를 통해 집권당에 대한 국민의 지지율을 측정할 수 있으며, 이를 이용하여 정부지지함수를 추정할 수 있다.

기간을 대상으로 선거에 대한 거시경제에 대한 충격을 분석하였다. 분석결과 선거 전, 선거분기 및 선거 후 1분기에 본원통화, 물가, 생산, 이자율, 투자 등에 상당한 충격을 주는 것으로 나타났다.[5)]

삼성경제연구소(1992)는 첫째로, 경제성과가 집권당의 지지율에 미치는 효과를 분석하기 위해 카길(Cargill, 1988)의 지지함수(*Popularity Function*)를 사용하여 추정하였다. 그 결과 집권당 지지율은 실질 GNP 성장률은 정의 관계가 있고, 소비자물가상승률과는 부의 관계가 있는 것으로 밝혀졌다. 둘째로, 노드하우스의 '재집권을 위해 선거 전 팽창, 선거 후 긴축정책을 편다'는 정치적 경기순환주기 가설의 검정을 위해 역시 카길(Cargill, 1988)의 자기회귀모형(*Autoregressive Model*)을 추정하였다. 실질 GNP, 산업생산, 도매물가지수, 소비자물가지수의 분석변수는 통계적으로 유의미하지 않았고, 통화량 변수인 M1과 M2만이 통계적으로 유의한 것으로 나타났다. 결론적으로 경제성과가 재집권에 영향을 미치는 것은 사실이나, 경제조작의 행태가 노드하우스 가설의 유형은 아니라는 것이 연구의 요지이다.

김종표・박경산(1992)의 연구는 1980년대에 있었던 제 12・13대 국회의원 선거와 1987년의 대통령선거를 대상으로 ARIMA모형에 의한 간여시계열분석(*Intervention Analysis*)을 시도하였다. M1, 정부지출, 건설공사계약액 등의 경제변수에 대한 분석결과 정부 발주 건설공사와 같은 특정부분에 국한하여 정치적 경기순환주기가 존재하며, 전반적으로는 정치적 경기순환의 존재를 뒷받침해줄 만한 증거를 찾지 못했다. 유금록의 연구(1994)는 ARIMA 간여시계열분석을 통해 선거가 우리나라 조세정책에 영향을 미친다는 사실을 발견하였다.

---

5) 그들은 이러한 과거의 선거기간중의 양태가 되풀이되고, 1992년에 총선과 대통령선거가 실시될 경우를 가상해서 선거가 거시경제에 미칠 파급효과를 추정하였으며, 1992년 중 지방자치단체장 선거가 실시되면 충격효과는 보다 크게 확대될 것이라 전망하였다.

〈표 4-1〉 한국의 정치적 경기순환주기에 대한 기존실증연구의 요약

긍정적 결과	부분적인 긍정적 결과	부정적 결과
소병희(1982, 1988) 최광・노봉래(1988) 심상달・이항용(1992) 유금록(1994, 1996) 정상화(1998)	삼성경제연구소(1992) 안철원・박두태・허창수(1987)	김종표・박경산(1992) 이은국(1999a, b)

한편 유금록(1996)의 최근 연구는 1963년부터 1992년까지의 중앙정부의 연도별 조세수입을 선거와 관련하여 스펙트럼 분석한 결과 조세의 정치적 경기순환주기가 있다는 결과를 제시하였다. 또한 정상화(1998)는 선거 전후의 통화량(M1)의 증감에 대한 ARIMA분석 결과 한국・일본의 경우 모두 예상했던 대로 선거 전에 증가하고 선거 후에 감소하는 것으로 나타났다. 이은국(1999a)의 논문은 제14・15대 대통령선거를 대상으로 실업률의 스펙트럼분석을 시도한 결과 정치적 경기순환주기가 존재하지 않는 것으로 나타났다. 그의 후속 연구(1999b)도 사전트-루카스 명제에 기초한 맥칼럼 모형(선거더미변수가 추가된)을 수정하여 분석하였다. 실업률자료에 대한 분석결과 정치적 경기순환주기에 대해 부정적 결과가 나타났다. 기존 연구들을 요약한 〈표 4-1〉에 의하면 기존 실증연구들은 서로 상충된 결과를 보인다. 이와 같은 상충된 연구결과는 여러 가지 측면에서 그 원인을 찾아볼 수 있는데, 분석대상, 자료의 기간, 종류 및 통계분석기법사용의 차이다. 기존의 많은 실증연구는 재선을 통한 재집권이 가능한 정치제도(연임제)를 전제로 하여 대통령선거를 대상으로 정치적 경기순환주기 가설을 분석하였다. 한국은 단임제를 채택하고 있어 가정상의 문제로 말미암아 상충한 결과가 나타날 수 있다는 비판이 제기될 수 있다.

2. 실증연구 1: 정치적 경기순환주기가설의 스펙트럼분석[6)]

1) 연구의 범위와 방법

이 연구에서는 한국에서도 정치적 경기순환주기가 존재하는지의 여부를 규명하고자 한다. 성숙된 민주주의를 전제로 하는 만큼 그 규명은 1987년 6·29 선언 이후 지금까지 민주화가 급속히 진전된 시기를 대상으로 한다. 연구의 대상기간은 1987년 12월부터 1997년 12월까지로 제 14대 및 15대 대통령선거를 분석 대상으로 하고, 월별자료를 사용한다. 그리고 정치적 경기순환주기가설의 검정을 스펙트럼분석방법을 적용하여 검정한다. 그리고 스펙트럼 분석을 위하여 ATSA(Shumay, 1988) 프로그램을 사용한다.

2) 노드하우스의 정치적 경기순환주기 모형의 수정

(1) 노드하우스 모형

노드하우스의 모형은 구체적으로 다음과 같은 다섯 가지 가정에 입각한다.

① 정부의 유일한 목표는 선거에서 이기는 데 있으며, 정부는 차기 선거에서 득표를 극대화하기 위해 경제를 조작할 수 있다. ② 투표자는 안정된 물가와 낮은 실업률을 선호하며, 투표자는 미시안적으로 (*myopic*) 경제를 평가한다. 다시 말해 투표자들은 경제적인 결과(낮은 실업률과 안정된 물가)에 따라 정부를 평가하며, 근시안적으로 경제여건을 평가하므로 선거에 근접한 시기의 경제상태에 가장 큰 비중을 둔다. ③ 경제는 필립스 곡선으로 특징지어진다. 필립스 곡선은 원래 임

6) 실증연구 1은 이은국의 논문(1999a) 중 실증분석부분만을 발췌·요약하였다.

금상승률과 실업률 사이의 역의 상관관계로 표시되었지만 일반적으로 보통 물가상승률과 실업률 사이의 역의 상관관계로 표시된다. ④ 선거의 주기는 고정되어 있다. 예컨대, 미국과 같은 대통령제에서는 선거가 4년마다 정기적으로 행하여진다. 따라서 선거시기가 확실하다. ⑤ 정부의 시관(*time-horizon*)은 유한하며(*finite*), 일회성 게임(*one-shot game*)을 전제로 한다. 따라서 다가올 선거에서의 재선만이 의사결정의 시간적 제약조건이다.

이런 가정들에서 도출된 결과는 '선거 직후 정부는 물가상승률을 잡기 위하여 실업률을 높이는 긴축정책을 추구하며, 선거가 다가오면 근시안적인 정책 아래 실업률을 낮추는 팽창정책을 펼친다'이다. 위의 반복적 행태는 다음과 같은 정치적으로 유인되는 경기순환주기를 가져온다(〈그림 4-1〉).

(2) 시누소이드 모형

노드하우스의 모형으로부터 도출된 정치적 경기순환주기는 〈그림 4-1〉에서 알 수 있듯이 '실업률은 선거 직전까지 계속 떨어지며 선거 직후에는 급상승한다'. 그러나 이와 같은 순환주기는 비현실적이라 할 수 있다. 왜냐하면 특정 경제정책(재정정책이나 금융정책)의 영향(*impact*)과 특정 경제변수(실업률이나 물가상승률) 사이에는 시차(*time lag*)가 존재하기 때문이다. 노드하우스의 모형에서 도출된 실업률 궤적이 톱니모양인 것은 이와 같은 경제정책의 시차를 고려하지 않은 결과이다. 따라서 실증적 검정을 위해서는 정책시차를 고려한, 보다 현실적이고 합리적인 형태의 정치적 경기순환주기모형의 설정이 필요하다.

정책시차를 고려한 순환주기의 형태는 다음과 같다. "선거 직후 집권당은 물가상승률을 억제하기 위하여 실업률을 높이려는 긴축정책을 추구한다. 그러나 이 경우 실업률 궤적은 노드하우스의 모형에서 도출된 톱니모양과 같이 급상승하는 것이 아니라 정책영향의 시차로 인해 점진적으로 상승하며 특정시점에 최대수준 곧, 정점(*peak*)까지 도달하였다가 선거가 다가옴에 따라 팽창정책에 의해 다시 하강하기 시작하여 선거 직전에 최소수준 곧, 극소점(*trough*)에 도달한다." 이런 행태의 반복이 정책영향의 시차를 고려한 정치적 경기순환주기이며, 이의 설명에 적합한 모형이 바로 시누소이드(*sinusoid*) 모형이다. 시누소

〈그림 4-1〉 노드하우스의 정치적 경기순환주기

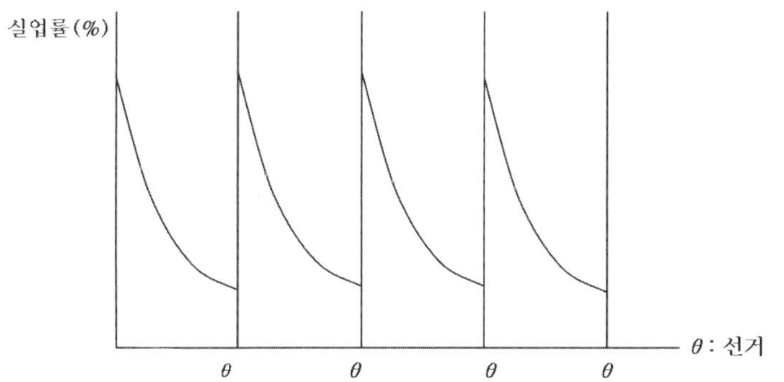

〈그림 4-2〉 시누소이드의 정치적 경기순환주기

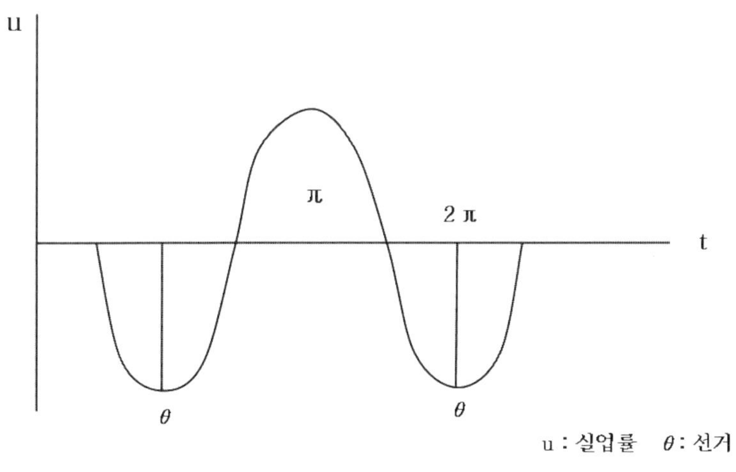

이드 모형은 간단히 말해 사인(*sine*)이나 코사인(*cosine*)과 같은 곡선을 지칭한다고 할 수 있다. 〈그림 4-2〉는 정치적 경기순환주기의 시누소이드 모형을 잘 나타내 준다. 보는 바와 같이 실업률의 궤적은 톱니모양과 달리 완만하고 매끄러운 사인곡선을 나타낸다. 즉, 선거 직후 실업률은 점진적으로 상승하여 특정 시점에 정점에 도달하였다가 서서히 떨어진다.

3) 스펙트럼 분석방법[7]과 분석결과

(1) 스펙트럼 분석방법(spectral analysis)

피리오도그램 분석방법(*periodogram analysis*)은 분석하려는 시계열이 사인이나 코사인과 같은 시누소이드파의 선형결합(*linear combination of sinusoidal waves*)으로 표시될 수 있다는 가정 아래 슈스터(Schuster, 1898)에 의해 처음 소개되었다. 그는 찾아내려는 주기(*cycle*)의 기간과 진폭(*amplitude*)을 계산하기 위해 푸리에 변환(*Fourier transformation*)을 사용하였다. 푸리에 분석은 일련의 시계열을 시누소이드 함수로 표현하는 것을 핵심으로 한다. 따라서 주어진 시계열의 분석을 위해 주파수(*frequency*) ω 또는 2π/ω 주기의 사인파 모형은 다음과 같이 표현될 수 있다.

$$(1)\quad X(t) = \Omega \cdot \sin(\omega t + \phi)$$

여기서 Ω는 진폭, ϕ는 편각을 나타낸다. 방정식(1)은 Ω나 ϕ에 대해 선형이 아니므로 삼각함수의 가법공식(*additional formula*)에 의해 다음과 같이 표기된다.

---

7) 시계열분석은 통상적인 ARIMA로 대표되는 시간영역(*time domain*)분석과 스펙트럼분석으로 대표되는 주파수영역(*frequency domain*)분석이 있다.

(2) $X(t) = A \cdot \sin\omega t + B \cdot \cos\omega t$

여기서 $A = \Omega \cdot \cos\phi$, $B = \Omega \cdot \sin\phi$ 이다. 그러나 오차항(*error term*)을 고려하지 않은 (2)와 같은 삼각초월함수(*trigonometric function*)의 피리오도그램 분석은 결정적(*deterministic*)이고 비현실적이라는 비판을 받게 되었다.

이에 따라 율(Yule)은 슈스터(Schuster)의 피리오도그램 분석에 오차항을 고려한 스펙트럼밀도함수 분석방법(*spectral density analysis*)을 제안했다. 주어진 시계열이 순수하게 정상적인 확률과정(*purely stationary stochastic process*)을 보이는 경우, 사인곡선 모형에 의해 다음과 같이 표현된다.

(3) $X(t) = \psi + A \cdot \sin\omega t + B \cdot \cos\omega t + \varepsilon_t$

ε_t는 오차항(*random error*)으로 다음의 조건을 만족하며,

$E(\varepsilon_t) = 0$, $E(\varepsilon_t^2) = \sigma^2$, $t \neq s$인 경우, $E(\varepsilon_t \varepsilon_s) = 0$

ψ는 상수항이므로 방정식(3)은 회귀방정식의 한 유형이라는 것을 쉽게 알 수 있다. 따라서 최소자승법(*ordinary least squares method*)을 이용하여 고정된 주파수 ω에 대해 A, B, ψ를 추정할 수 있다. 그리고 A, B 추정치를 이용하여 진폭 Ω와 편각 ϕ를 구할 수 있다. 왜냐하면 앞의 두 방정식 $A = \Omega \cdot \cos\phi$ 및 $B = \Omega \cdot \sin\phi$로부터 $\Omega = (A^2 + B^2)^{1/2}$라는 관계를 도출할 수 있고, $\tan\phi = -B/A$로부터는 ϕ에 대해 다음과 같은 해를 구할 수 있기 때문이다.

$\phi = \text{artan}(-B/A)$, $A>0$; $\text{artan}(-B/A) - \pi$, $A<0$, $B>0$;

artan(-B/A) + π, A<0, B≤0;
-π/2, A = 0, B>0; π/2, A = 0, B<0; 임의적, A = 0, B = 0

따라서 푸리에계수(A, B)는 회귀계수와 유사함을 알 수 있다. 또한 회귀분석의 경우 총자승합(*total sum of squares*)는 회귀자승합(*explained sum of squares*)와 잔차자승합(*residual sum of squares*)로 분할될 수 있는 것과 마찬가지로 스펙트럼 분석도 총자승합 = 주파수 ω_k의 자승합(*sum of squares associated with frequency* ω_k, k = 1, 2, ⋯ n) + 잔차자승합의 등식이 성립된다. 주파수 ω_k는 회귀분석에서의 설명된 변동 또는 회귀자승합과 유사한 개념으로 $2/n\{(\Sigma \chi_t \cos\omega t)^2 + (\Sigma \chi_t \sin\omega t)^2\}$의 값을 가진다. 주파수 ω_k의 자승합을 파워 스펙트럼(*power spectrum*) 또는 분산 스펙트럼(*variance spectrum*)이라 하며, 이는 스펙트럴 밀도함수(*spectral density function*)의 유한 추정치이다. 일반적으로 첨예한 정점(*sharp peak*)을 나타내는 파워 스펙트럼은 통계적으로 유의한 주기가 존재함을 알려준다. 특정 주파수와 관련된 파워 스펙트럼이 통계적으로 유의한지를 검정하기 위해 다음과 같은 신뢰구간이 설정되며, σ_x^2은 Xt의 분산을, a는 유의수준을, χ_d^2은 d 자유도에서의 χ^2 값을 나타낸다.

$$\chi^2_{d,1-a}\sigma_x^2/2d\pi \le P_k \le \chi^2_{d,a/2}\sigma_x^2/2d\pi$$

추정된 파워 스펙트럼(P_k)는 χ^2 검정에 의해 그 유의성을 밝힐 수 있다. 첨예한 정점을 보이는 P_k가 신뢰구간 밖에 위치하는 경우에 그 P_k는 통계적으로 유의하다.

(2) 분석결과

이 연구에서 분석하려는 실업률과 같은 경제 시계열자료는 추세를 포함하는 것이 일반적이며, 스펙트럼분석을 하기 위해서는 이러한 추세요인이 제거된 정상성(*stationarity*)의 조건을 충족시켜야 한다. 왜냐하면 추세를 포함하는 시계열은 낮은 주파수대(*low frequency band*)에서 파워 스펙트럼의 과집중화(*overconcentration*) 현상을 보이기 때문이다. 즉, 추세요인은 영주파수대(*zero frequency band*)에 높은 파워 스펙트럼 값을 부여하고, 그 인접 주파수대의 스펙트럼 값도 상승시키는 누수효과(*leakage effect*)를 초래하여 정확한 분석을 저해한다.

〈그림 4-3〉에서 알 수 있듯이 실업률의 원시계열은 낮은 주파수대에 파워 스펙트럼 과집중화 현상을 보이는 전형적인 시계열이다. 따라서 추세의 제거는 필수적이며 적절한 방법에 의해야 한다.[8] 이러한 추세요인의 제거방법은 추세의 형태에 따라 달라지며, 적절치 않은 방법에 의한 추세의 제거나, 과도한 분차(*overdifferecing*) 등과 같이 지나친 추세의 제거는 분석결과를 왜곡하거나 해석을 어렵게 한다.

따라서 이 연구에서는 1차 분차된 자료(추세가 제거된 자료), 계절적 요인이 제거된 자료, 1차 분차와 계절적 요인이 제거된 자료[9]에 대해 각각 스펙트럼분석을 시도하여, 추세의 제거방법이 적절치 않거나 과도한 분차로 분석결과에 영향을 미쳤는가를 점검하고자 한다.

---

8) 추세가 확률적(*stochastic*)이거나 또는 부동항(*drift term*)을 포함하고 있는 경우 분차방법(*differencing method*)가, 결정적(*deterministic*)인 경우 다항법(*polynomial fitting*)이 적절하다.

9) 추세요인의 제거방법은 추세의 형태에 따라 달라진다. 이 연구에서는 적절한 추세제거의 방법을 선택하기 위해 다음의 Dickey-Fuller 검정법을 사용하였다.

$$Y_t = \beta_0 + \beta_1{}^t + \beta_2 Y_{t-1} + \sum_{i=1}^{4} L_i \Theta_i (Y_t - Y_{t-1}) + \varepsilon_t$$

여기서 t는 시간추세(*time trend*), L은 시차연산자(*lag operator*)이다. 검정결과는 실업률시계열이 일근(一根, *unit roots*)을 가지는 것으로 나타났다. 다시 말해 분석하려는 실업률시계열은 확률적 추세(*stochastic trend*)를 보이므로 1차 분차(*first difference*)가 적절한 제거방법이며, 다른 요소들의 특성을 변화시키지 않으면서 1차 계절분차(*first seasonal differencing*)도 필요하다.

〈그림 4-3〉 실업률 원시계열의 파워 스펙트럼[10)]

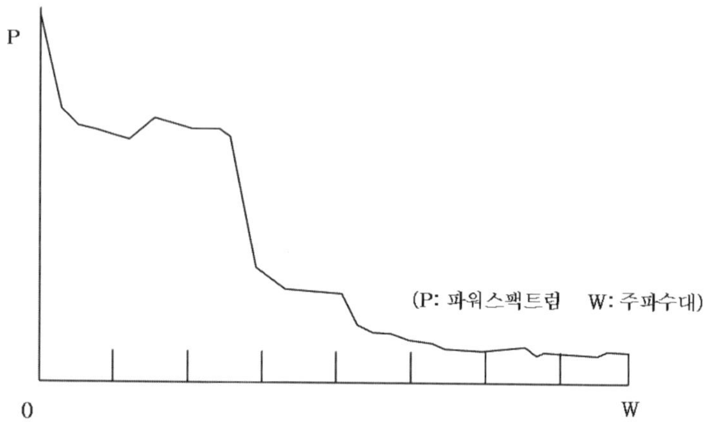

다음으로 스펙트럼 분석에 중요한 것은 주파수대 크기(*bandwidth*, B)의 선정이다. 주파수대 크기는 B = L / T 로 정의되며, L은 특정의 홀수인 정수값을 T는 자료의 수를 의미한다. B나 L이 증가하게 되면 추정된 파워 스펙트럼의 신뢰구간이 작아지고 유의한 주기가 존재함을 알려주는 첨예한 정점(*peaks*)들을 평탄화(*smooth out*)하여 유의한 주기의 발견을 어렵게 한다. 반대로 B나 L이 감소하면 신뢰구간이 너무 커져 유의한 주기를 알려주는 정점들이 너무 많아져 어느 것이 정말 유의한 정점인지 구별하기가 어렵게 된다. B나 L의 선택은 이와 같이 B나 L을 증가시켜 스펙트럼 추정치의 신뢰도를 높이려는 목적[11)]과 B나 L을 감소시켜 유의한 정점의 수를 늘리려는 목적이 상충하는 상황

10) L = 3, 5, 7, 9, 13, 15, 17에 대해서도 대안적으로 스펙트럼 분석을 해본 결과 낮은 주파수대에 과집중화 현상을 보였다.

11) 스펙트럼 추정치의 신뢰도를 높이기 위해서 원시계열을 테이퍼링(*tapering*)하는 방법이 종종 이용된다. 보통 T/2 시점에 중심을 가지는 코사인 종형(*cosine bell*)을 테이퍼링 함수로 채택한다. 이 연구에서는 다음의 코사인 테이퍼(*cosine taper*)를 사용하였다. $C_t = 1/2 \cdot [1+\cos\{2\pi(t-T)/(T+1)\}]$, $t = 0, 1, 2, 3, \ldots\ldots T-1$.

에 직면한다. B나 L의 최적선택은 달리 이론적 지침이 없으며 경험적으로 여러 대안들 중에서 평가하여 선택할 수 있다[12]. 이 연구에서도 상이한 주파수대 크기에 대해 스펙트럼을 추정하여 가장 적절하다고 판단되는 것을 선택하였다.[13] 찾아내려는 주파수 ω를 포함할 수 있도록 B를 선택하는 것이 일반적이다.

〈그림 4-4〉는 계절적 요인을 제거한 실업률 시계열의 스펙트럼 추정치로 두 군데에서 정점(*peak*)을 찾아볼 수 있으며, 0.03125와 0.0625가 유의미한 주파수대이다. 이 주파수대의 파워 스펙트럼 추정치는 〈표 4-2〉에서 알 수 있듯이 0.05 수준에서 통계적으로 유의하다. 그리고 이를 시간주기로 환산하면 32개월과 16개월[14]의 주기가 되어 5년의 선거주기와 일치하는 주기는 존재하지 않는다.

〈그림 4-5〉는 계절적 요인을 제거한 실업률 시계열의 스펙트럼 추정치로 0.078125와 0.17815의 주파수대에서 정점을 찾아볼 수 있다. 이 주파수대의 파워 스펙트럼 추정치는 0.05 수준에서 통계적으로 유의하다. 두 주파수대를 시간주기로 환산하면 12.8개월과 5.8개월의 주기가 되어 5년의 선거주기와 일치하는 주기는 존재하지 않는다.

〈그림 4-6〉은 추세요인과 계절적 요인을 제거한 후의 실업률 시계열의 스펙트럼 추정치로 0.1875의 주파수대에서 정점을 보인다. 이 주파수대의 파워 스펙트럼 추정치는 0.05 수준에서 통계적으로 유의하다. 0.1875의 주파수를 시간주기로 환산하면 5.3개월의 주기가 되어 5년의 선거주기와 일치하는 주기는 존재하지 않는다.

---

12) 주파수대 크기(*bandwidth*)의 선택은 시간영역(*time domain*) 시계열분석에서 최적시차(*lag length*)의 선택과 유사하다.

13) 이 연구에서 L의 선택은 L = 3, 5, 7, 9, 11, 13, 15, 17과 같이 여러 대안들 중에서 선택하였고, 모든 결과들은 코사인 테이퍼링을 한 경우와 하지 않은 경우로 나누어 다시 점검한 후에 최종적으로 결정되었다.

14) 주파수 ω와 주기(T)와는 $T = 1/\omega$ 관계가 성립하므로 $1/0.0625 = 16$이고 사용되는 실업률 시계열의 시간단위는 1개월이므로 $1 \times 16 = 16$개월이다.

〈그림 4-4〉 계절분차 실업률 시계열의 파워 스펙트럼

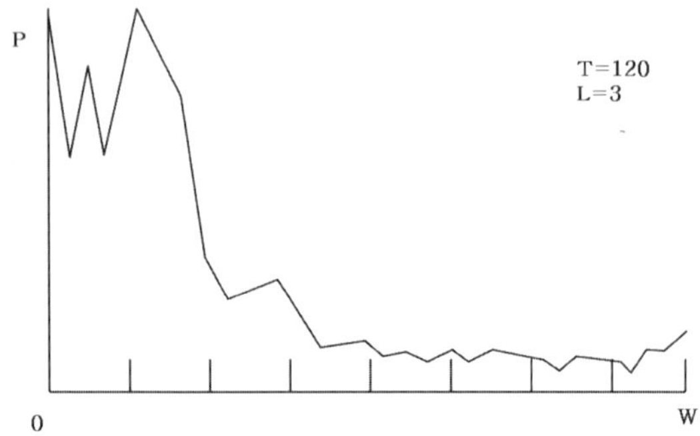

(P: 파워스펙트럼 W: 주파수대)

〈그림 4-5〉 분차 실업률시계열의 파워 스펙트럼

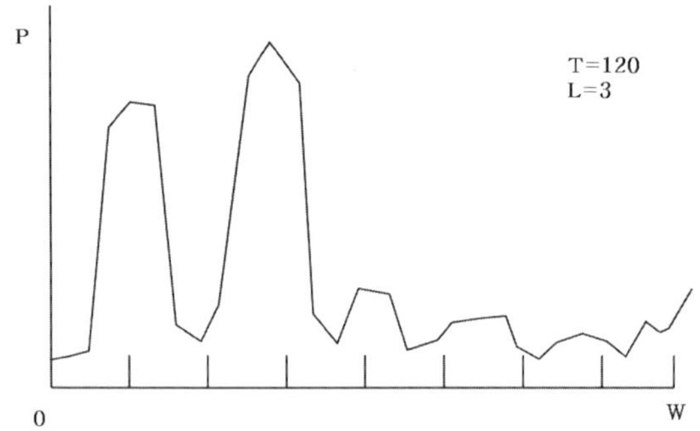

(P: 파워스펙트럼 W: 주파수대)

〈그림 4-6〉 분차 및 계절분차 실업률시계열의 파워 스펙트럼

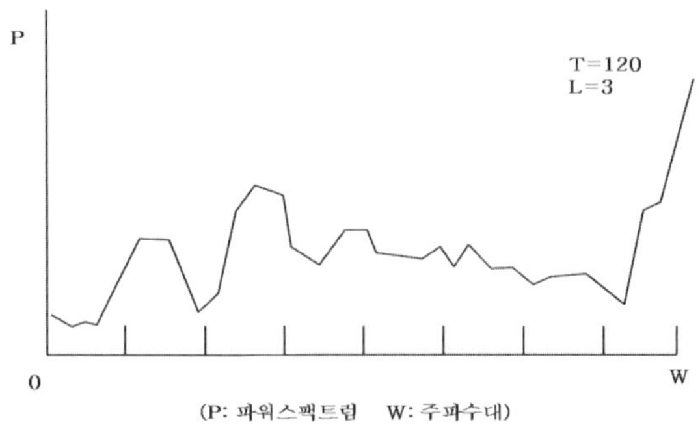

(P: 파워스펙트럼 W: 주파수대)

〈표 4-2〉 실업률 시계열의 파워 스펙트럼의 추정치

자료의 유형 \ 스펙트럼추정치	주파수	파워 스펙트럼	기간(개월)
계절분차	0.3125 0.0625	0.11 0.13	32 16
1차 분차	0.078125 0.171875	0.29 0.36	12.8 5.8
1차 분차 및 계절분차	0.1875	0.324	5.3

* 추정치들은 0.05 수준에서 통계적으로 유의하다.

스펙트럼 분석결과 계절분차자료의 경우는 32개월과 16개월, 1차 분차 자료는 12.8개월과 5.8개월, 1차 분차 및 계절분차자료는 5.3개월의 주기가 있는 것으로 나타났다. 따라서 단순스펙트럼 분석결과는 자료의 변환과 상관없이 한국에 있어 5년의 선거주기와 일치하는 경기변동, 정치적 경기순환주기가 존재하지 않는다.

3. 실증연구 2 : 사전트 모형의 검정[15)]

1) 연구의 범위와 방법

연구의 대상기간은 1987년 12월부터 1997년 12월까지로 제 14대 및 15대 대통령선거를 분석의 대상으로 하고, 월별자료를 사용한다. 그리고 정치적 경기순환주기가설의 검정을 위해서 먼저 사전트-루카스의 명제를 기초로 한 맥칼럼의 검정모형(선거더미변수가 추가된)을 수정하여 분석하고, 대안적으로 ARIMA모형을 적용하여 검정한다.

2) 검정모형의 설정과 분석결과

(1) 검정모형의 설정

앞서 언급하였듯이 한국에서의 정치적 경기순환주기가설 검정을 위해 노드하우스의 모형이 적절하다. 노드하우스에 의해 제안된 정치적 경기순환주기모형은 다음과 같은 여섯 가지 가정에 입각한다.

(1) 경제는 필립스 곡선에 의해 특징지어진다.
(2) 물가상승의 예측은 적응적이다.
(3) 물가상승은 정책결정자에 의해 직접적으로 통제될 수 있다.
(4) 정치가의 유일한 목표는 재선(*re-election*)이다.
(5) 투표자는 과거지향적(*retrospective*)이다. 현 정부의 경제적 성과 평가를 재임기간 동안의 생산증가와 물가상승에 근거하여 행한다. 또한 근시안적으로 평가하므로 선거가 인접한 시기의 경제상태에 가장 큰 비중을 둔다.

---

15) 실증연구 2는 이은국의 논문(1999b) 중 실증분석부분만을 발췌 · 요약하였다.

(6) 선거주기는 외생적으로 고정되어 있어 주기적으로 선거가 행해진다.

이러한 단기적으로 이용 가능한 필립스 곡선(*exploitable Phillips Curve*)의 가정에서 도출된 결과는 '선거 직후 정부는 물가상승률을 잡기 위하여 실업률을 높이는 긴축정책을 추구하며, 선거가 다가오면 근시안적인 정책으로 실업률을 낮추는 팽창정책을 쓴다'이다. 이 가설의 검정을 위해 이 연구에서는 맥칼럼의 검정모형을 수정하여 사용한다. 맥칼럼은 실업률이 다음과 같은 AR(*Autoregressive*)형의 확률적 과정으로 표현된다고 가정하였다.

$$(1)\quad U_t = \alpha_0 + \sum_{i=1}^{n} \alpha_i U_{t-i} + \varepsilon_t$$

여기서 ε_t는 자기상관이 없는 백색잡음의 오차항을 의미한다.[16] (1)의 방정식의 오른쪽에 노드하우스의 가설을 검정하기 위해 선거더미변수(EV)를 추가하면 (2)와 같은 방정식이 설정된다.

$$(2)\quad U_t = \alpha_0 + \sum_{i=1}^{n} \alpha_i U_{t-i} + \beta_1 EV_i + \varepsilon_t$$

방정식(2)에서 β_1이 통계적으로 유의미하면 노드하우스의 정치적 경기순환주기가 존재한다는 가설을 기각할 수 없다. 반대로 β_1이 통계적으로 유의미하지 않으면, 합리적 기대가설론자의 예측대로 정치적 경기순환주기가 존재한다는 가설이 기각된다. 여기서 또 다른 중요한 문제는 방정식(1)에서 시차변수의 최적의 시차를 정하는 방법이다.

16) 이 방정식에 대한 보다 구체적인 논의를 위해서는 사전트, 1973, 1976 참조.

사전트는 (1)의 모형이 (3)과 같은 AR모형으로 다시 표현될 수 있다는 가정 아래 단순히 실업률의 시차변수로 3 또는 4의 시차를 사용하고 있다.

(3) $\phi(L)U_t = \varepsilon_t$[17)]

그러나 최적의 시차를 선정함에 있어 박스-젠킨스(Box-Jenkins)의 ARIMA 모형이 보다 일반적이므로 이 연구에서는 대안적으로 ARIMA 모형에 의한 분석도 병행하여 두 분석결과를 비교해보고자 한다.

ARMA의 $|\phi|<1$ 이라는 가역성(*invertibility*)의 조건을 충족한다고 가정하여, 사전트 모형(방정식(3))을 박스-젠킨스 모형으로 변환하면 방정식(4)와 같이 쓸 수 있다.

(4) $(\phi(L)/\Theta(L))U_t = \varepsilon_t$

방정식(4)에 노드하우스의 가설검정을 위해 선거더미변수를 더하면 ARIMA에 의한 대안적 검정모형(5)가 설정된다. 모형(5)에서 Z_t는 선거더미변수이며, 방정식(4)의 오차항 ε_t와 선거더미변수 Z_t의 상관성 유무를 통해 정치적 경기순환주기의 존재여부를 검정할 수 있다.

(5) $(\phi(L)/\Theta(L))U_t = \beta Z_t + \upsilon_t, \quad \beta>0$

그리고 오차항 ε_t와 선거더미변수 Z_t의 상관성 유무는 방정식(4)의 추정을 통해 계산된 잔차가 선거더미변수 Z_t와 상관되어 있는지의 여부로 판정된다.

---

17) 여기서 $\phi(L)$는 다항의 시차연산자로 $L^nU_t = U_{t-n}$을 의미한다.

〈표 4-3〉 선거주기 20분기(5년)의 선거더미변수 값[18]

	첫 번째 해	두 번째 해	세 번째 해	네 번째 해	다섯 번째 해
EV1	1 2 3 4	5 6 7 8	9 10 9 8	7 6 5 4	3 2 1 0
EV2	1 2 3 4	5 6 7 8	9 10 11 12	13 14 15 16	12 8 4 0
EV3	19 18 17 16	15 14 13 12	11 10 9 8	7 6 5 4	3 2 1 0
EV4	2 3 4 5	6 7 8 9	10 11 12 13	14 15 16 17	18 9 0 1
EV5	1 1 1 1	1 1 1 1	1 1 1 1	1 1 1 1	0 0 0 0
EV6	1 1 1 1	1 1 1 1	1 1 1 1	1 1 1 1	1 0 0 1

다음으로 선거더미변수의 유형을 살펴보자. 가장 단순한 형태는 선거주기를 양분하여 전반부는 실업률이 선형적으로 증가하고, 후반부에는 선형적으로 감소하는 것이다(EV1). 이러한 유형뿐만 아니라 다른 유형들도 노드하우스의 가설에 부합할 수 있을 것이므로 추가적으로 선거더미변수를 〈표 4-3〉에 추가하였다. EV2는 선거가 있는 해에 실업률이 급속히 감소하는 반면 나머지 다른 해에는 점진적으로 실업률이 증가하는 유형이다. EV4는 EV2와 거의 같은 양상이나 선거가 있는 해의 1분기부터 실업률이 급속히 감소하는 것이 아니라, 2분기부터 급속히 감소하는 형태이다. 이와는 대조적으로 EV3는 선거가 끝난 바로 이듬해의 제 1분기에 실업률이 급속히 증가하고 선거가 있을 때까지 나머지 기간 동안 지속적으로 실업률이 줄어드는 형태이다. 마지막으로 EV5와 EV6는 집권당이 비교적 낮은 실업률을 선거 직전에 유지하는 유형이다.

18) 이 연구의 자료는 월별단위이므로 해당분기에는 같은 더미 값을 사용한다.

(2) 분석결과

① 사전트 모형의 분석결과

우선 방정식(1)을 추정해 본 결과 시차변수는 U_{t-1}과 U_{t-2}의 2시차까지만 유의한 것으로 나타났고,[19] 여기에 더미변수를 추가하여(방정식(2)) 검정한 결과는 〈표 4-4, 5, 6, 7〉과 같다. 시계열 자료 분석의 결과는 종종 자료의 변환에 의해 영향을 받는 경우가 많으므로 계절변동 비조정 자료(*seasonally unadjusted data*, 원시계열 자료), 계절변동 조정자료(*seasonally-adjusted data*), 1차 분차 자료(*first-differenced data*)

〈표 4-4〉 계절변동 비조정 자료

선거더미변수	계수값(추세불포함)	계수값(추세포함)
EV1	-0.016*	-0.020*
EV2	-0.010	-0.0131*
EV3	0.004	0.003
EV4	-0.006	-0.007
EV5	-0.070	-0.067
EV6	0.050	0.046

* 0.05수준에서 유의함.

〈표 4-5〉 계절변동 조정 자료

선거더미변수	계수값(추세불포함)	계수값(추세포함)
EV1	-0.014*	-0.0004
EV2	-0.009*	-0.0089*
EV3	-0.001	-0.0011
EV4	-0.004	-0.0040
EV5	-0.060	-0.0620
EV6	0.028	0.0360

---

19) 추정된 회귀식은 $U_t = 0.86 + 1.17\ U_{t-1} - 0.50U_{t-2}$이며, 괄호 안의 값은 t값이다.
(6.30) (13.90) (-6,07) $R^2 = 0.86$, SE = 0.22, (SE는 오차항의 추정된 표준오차임)

〈표 4-6〉 1차 분차자료

선거더미변수	계수값
EV1	-0.0060
EV2	-0.0006
EV3	-0.0030
EV4	0.00018
EV5	-0.0360
EV6	0.10203

〈표 4-7〉 1차 분차와 계절변동 조정자료

선거더미변수	계수값
EV1	-0.080
EV2	-0.010
EV3	-0.020
EV4	0.0003
EV5	-0.047
EV6	0.047

및 1차 분차와 계절변동 조정자료에 대해 각각 분석을 하였다. 〈표 4-4〉는 계절변동이 조정되지 않은 자료에 대한 회귀분석의 결과이다. 추세를 포함하지 않고 추정한 경우 선거더미변수 EV1만이 0.05 수준에서 유의한 것으로 나타났고, 추세를 포함한 경우는 EV1, EV2만이 유의한 것으로 판명되었다. 〈표 4-5〉의 계절변동 조정자료와 〈표 4-6〉의 1차 분차자료의 경우에는 통계적으로 유의한 선거더미변수의 계수 추정값이 하나도 없다. 〈표 4-7〉의 1차 분차와 계절변동 조정자료의 경우도 마찬가지로 통계적으로 유의한 선거더미변수 계수 추정 값이 없다. 따라서 사전트 모형에 의한 검정결과 정치적 경기순환주기 가설은 기각되었다.

〈표 4-8〉 계절조정된 자료 ARIMA (1, 0, 0)

선거더미변수	계수값
EV1	- 0.018
EV2	- 0.001
EV3	0.005
EV4	0.0029
EV5	0.008
EV6	0.014

〈표 4-9〉 1차 분차된 자료

선거더미변수	계수값
EV1	-0.0070
EV2	0.0007
EV3	0.0050
EV4	0.0020
EV5	-0.0410
EV6	0.0970

② ARIMA 모형의 분석결과

박스-젠킨스 모형분석의 첫 번째 절차는 가장 적절한 ARIMA모형의 설정이다. 먼저 계절변동 조정자료에 대한 모형설정결과 (1, 0, 0)[20]의 1차 AR과정이 선택되었다.[21] ARIMA모형 분석의 경우에도 자료의 변환에 따라 검정결과가 영향을 받으므로, 앞의 사전트 모형분석과 마찬가지로 계절변동 비조정 자료(원시계열 자료), 계절변동 조정자료, 1차 분차자료 및 1차 분차와 계절변동 조정자료에 대해 각각 분석하였다. 〈표 4-8〉의 계절변동 조정자료는 선거더미변수의 계수 추정 값이

20) AR 계수는 0.84로 0.01 수준에서 통계학적으로 유의하고, 박스-피어스(Box-Pierce)의 Q값도 임계치를 상회한다. $R^2 = 0.89$, SE = 0.15 이다.

21) 대안적으로 ARIMA(2, 0, 0)의 경우 AR(2)의 계수값이 통계적으로 유의하지 않았으며, (1, 0, 1), (1, 0, 2), (2, 0, 1), (2, 0, 2)의 경우는 통계적으로 유의한 계수값이 없었다.

통계적으로 유의하지 않은 것으로 나타났으며, 〈표 4-9〉 1차 분차자료의 경우도 통계적으로 유의한 선거더미변수의 추정치는 없는 것으로 밝혀졌다. 그리고 원시계열자료,[22] 1차 분차와 계절변동 조정자료에 대한 분석은 AR(1)과 선거더미변수의 계수 추정값이 모두 통계적으로 유의하지 않았다. 따라서 ARIMA 모형분석의 결과도 사전트 모형분석의 결과처럼 정치적 경기순환주기의 존재를 찾아내지 못하였다.

22) 계절변동 비조정자료에 대해서는 (1, 0, 0) x (1, 0, 0), (1, 0, 0) x (0, 0, 1), (1, 0, 0) x (0, 1, 0), (1, 0, 0) x (0, 1, 1) x (1, 0, 0) x (1, 1, 0)의 계절모형(*seasonal model*)과 결합하여 분석하였다. 이 역시 통계적으로 유의한 추정치가 하나도 없었다.

4. 실증연구 3: 박스-젠킨스 모형의 검정[23)]

1) 연구의 범위와 방법

연구의 대상기간은 1987년 6월부터 1997년 12월까지로 제 14대 및 15대 대통령선거를 분석의 대상으로 하고, 분기별 자료를 사용한다. 그리고 정치적 경기순환주기가설의 검정을 위해서 박스-젠킨스의 ARIMA모형을 적용한다.

2) 실증모형의 설정과 분석결과

(1) 검정 모형의 설정

① 정치적 경기순환주기 검정모형의 설정

시계열 자료를 분석하는 데 자주 사용되는 박스-젠킨스의 일반적 모형은 승법 ARIMA모형(*multiplicative ARIMA model*)로 식 (1)과 같이 표시된다.

(1) $\phi(B)\,\Phi(B^S)\,\omega_t = \Theta(B)\,\Theta(B^S)\,a_t$

여기서

$\phi(B) = 1 - \phi_1 B - \phi_2 B^2 - \phi_3 B^3 \cdots - \phi_p B^p$

$\Phi(B^S) = 1 - \Phi_1 B^S - \Phi_2 B^{2S} - \Phi_3 B^{3S} \cdots - \Phi_P B^{Ps}$

$\Theta(B) = 1 - \Theta_1 B - \Theta_2 B^2 - \Theta_3 B^3 \cdots - \Theta_q B^q$

$\Theta(Bs) = 1 - \Theta_1 B^S - \Theta_2 B^{2S} - \Theta_3 B^{3S} \cdots - \Theta_Q B^{Qs}$

---

23) 실증연구 3은 이은국의 논문(2000)의 실증분석부분만을 발췌・요약하였다.

또한 ωt = $\nabla_S^D \nabla^d Z_t$ 이며, B는 후방연산자(*backshift operator*)를 ∇= 1-B는 분차연산자(*difference operator*)를 나타낸다.

식(1)은 분석하고자 하는 실업률 시계열자료와 관련하여 식(2)와 같이 다시 표현할 수 있다.

$$(2)\quad U_t = ARIMA(p,\ d,\ q)\ (P,\ D,\ Q)^S + \varepsilon_t$$

여기서 (p, d, q)는 모형의 비계절부분, (P, D, Q)는 모형의 계절부분을 의미하며, S는 계절당 기간 수이다.[24] p(P)는 비계절부분(계절부분의)의 자기회귀과정(AR)의 차수, q(Q)는 비계절부분(계절부분)의 이동평균과정(MA)의 차수를 나타내며, d(D)는 비계절부분(계절부분)의 분차의 차수를 표시한다.[25]

방정식(2)에 노드하우스의 가설검정을 위해 선거더미변수를 더하면 ARIMA에 의한 대안적 검정모형(3)이 설정된다. 모형(3)에서 Z_t는 선거더미변수이며, 방정식(2)의 오차항 ε_t와 선거더미변수 Z_t의 상관성 유무를 통해 정치적 경기순환주기의 존재여부를 검정할 수 있다. 그리고 오차항 ε_t와 선거더미변수 Z_t의 상관성 유무는 방정식(2)의 추정을 통해 계산된 잔차가 선거더미변수 Z_t와 상관되어 있는지의 여부로 판정된다.

$$(3)\quad U_t = ARIMA(p,\ d,\ q)\ (P,\ D,\ Q)^S + \beta Z_t + \upsilon_t,\quad \beta > 0$$

다음으로 선거더미변수의 유형을 살펴보자. 가장 단순한 형태는 선

24) 이 연구에서는 분기별 자료이므로 S = 4이다.

25) 예컨대 ARIMA(1, 1, 1) x (1, 1, 1)^4 모형의 경우 비계절부분은 1차 분차된 AR 1차, MA 1차의 과정이고, 계절부분은 1차 계절분차된 SAR 1차, SMA 1차의 과정으로 결합된 시계열모형이다.

〈표 4-10〉 선거주기 20분기(5년)의 선거더미변수 값

	첫 번째 해	두 번째 해	세 번째 해	네 번째 해	다섯 번째 해
EV1	1 2 3 4	5 6 7 8	9 10 9 8	7 6 5 4	3 2 1 0
EV2	1 2 3 4	5 6 7 8	9 10 11 12	13 14 15 16	12 8 4 0
EV3	19 18 17 16	15 14 13 12	11 10 9 8	7 6 5 4	3 2 1 0
EV4	2 3 4 5	6 7 8 9	10 11 12 13	14 15 16 17	18 9 0 1
EV5	1 1 1 1	1 1 1 1	1 1 1 1	1 1 1 1	0 0 0 0
EV6	1 1 1 1	1 1 1 1	1 1 1 1	1 1 1 1	1 0 0 1

거주기를 양분하여 전반부는 실업률이 선형적으로 증가하고, 후반부에는 선형적으로 감소하는 것이다(EV1). 이러한 유형뿐만 아니라 다른 유형들도 노드하우스의 가설에 부합할 수 있을 것이므로 추가적으로 선거더미변수를 〈표 4-10〉에 추가하였다. EV2는 선거가 있는 해에 실업률이 급속히 감소하는 반면, 나머지 다른 해에는 점진적으로 실업률이 증가하는 유형이다. EV4는 EV2와 거의 같은 양상이나 선거가 있는 해의 1분기부터 실업률이 급속히 감소하는 것이 아니라, 2분기부터 급속히 감소하는 형태이다. 이와는 대조적으로 EV3는 선거가 끝난 바로 이듬해의 제 1분기에 실업률이 급속히 증가하고 선거가 있을 때까지 나머지 기간 동안 지속적으로 실업률이 줄어드는 형태이다. 마지막으로 EV5와 EV6는 집권당이 비교적 낮은 실업률을 선거 직전에 유지하는 유형이다.

② 최적의 박스-젠킨스 모형의 설정

가. 정상성 여부의 판정

박스-젠킨스 방법은 분석하고자 하는 시계열의 정상성(*stationarity*) 조건의 충족을 전제로 한다. 정상성의 조건이란 다음과 같이 요약할 수 있다. 만약 Z_t (t = 1, 2, ⋯ n) 시계열이 ① $E(Z_t) = \mu$, Z_t의 평균값이

시간에 관계없이 일정하고, ② $E[(Z_t-\mu)]^2=\sigma^2$, Z_t의 분산값이 시간에 관계없이 일정하고, ③ $Cov(Z_t, Z_{t-k})=\gamma_k$, Z_t와 Z_{t-k}의 공분산은 t나 t-k시점 그 자체에 의존하지 않고 두 시점의 거리(*distance*)에 의존하면, 그 시계열은 정상적(*stationary*)이다. 일반적으로 시계열자료는 정상적이지 않은 경우가 일반적이고 추세(*trend*)를 가진다. 따라서 적절한 방법에 의한 변환을 통해 정상성을 확보해야 한다. 여기서 특히 주목해야 할 것은 추세제거(*detrending*)의 적절한 선택이다. 왜냐하면 부적절한 방법에 의한 추세제거는 확신할 수 없는 분석 결과로 우리를 오도할 수 있기 때문이다.[26] 추세는 크게 결정적 경향(*deterministic*)과 확률적 경향(*stochastic*)으로 나누어 볼 수 있는데 전자의 경우는 $Z_t=\beta_0+\beta_1 t$, $Z_t=\beta_0+\beta_1 t+\beta_2 t^2$와 같은 선형, 2차 또는 고차의 다항회귀모형(*polynomial regression model*)을 일반적으로 사용하는 반면, 후자의 경우는 Z_t-Z_{t-1}과 같이 분차(*differencing*)의 방법을 사용한다. 박스-젠킨스 모형은 확률적 정상시계열(*stochastic stationary time series*)을 분석의 대상으로 하므로 추세제거의 적절한 방법은 분차방법이다.

이 연구에서는 추세의 적절한 제거방법 선택을 위해 디키-풀러(Dickey-Fuller) 검정법을 사용한다. 디키-풀러 검정을 위해서는 다음의 회귀모형 설정이 필요하다.

(4) $Z_t=\alpha+\beta_t+\rho Z_{t-1}+\varepsilon_t$

(4)의 회귀모형에서 $\beta=0$, $\rho=1$인 귀무가설을 설정하여 귀무가설의 기각에 실패한 경우 Z_t는 1근(*unit root*)을 가진다.[27] 즉, 1차 분차

26) 부적절한 방법에 의한 경향제거가 가져올 수 있는 결과에 관하여는 다음 논문 참조. K. Hung Chan, Jack C. Hays, and J. Keith Ord, "A Note on Trend Removal Methods: the Case of Polynomial Regression Versus Variate Differencing," *Econometrica* 45(3), April, 1977, pp. 737~744.

방법으로 정상성을 확보하는 것이 적절하다는 것을 알려준다. 분석하려는 실업률 시계열에 대한 디키-풀러 검정은 다음과 같다. 우도비율 통계치(LR, *Likelihood Ratio*) 3.21은 β=0, ρ=1이라는 귀무가설을 0.01 유의수준에서 기각하는 데 실패하였다.[28] 따라서 분석하려는 실업시계열의 안정성을 확보하기 위해 1차 분차(*1st-differencing*)의 방법이 적절하다.

$$Z_t = 1.76 + .87Z_{t-1} + .04\ t \qquad LR = 3.21$$

나. 모형식별

분석하려는 시계열의 정상성 확보방법을 결정한 다음의 단계는 자기상관함수(*Autocorrelation Function*, ACF)와 편자기상관함수(*Partial Autocorrelation Function*, PACF)의 계수값 형태에 의거하여 ARIMA 모형을 식별하는 것이다. 1차 분차된 실업률 시계열의 자기상관함수는 계절시차 4, 8, 12, 24에서 강한 양의 자기상관관계를 보이고 있으며, PACF에서도 가장 높은 정점을 보이고 있다. 즉, 1차 분차의 결과로 계절성이 명확하게 드러났다. 계절분차자료의 ACF, PACF로부터 Φ=0.814인 AR(1) 모형으로 생각할 수 있다. 그러나 0.814가 1에 가까운 값이며 시차 5의 ACF값이 0과 유의적으로 다른 점을 감안

---

27) 이 검정에서 사용되는 검정통계량은 우도비율통계량(*likeliyhood ratio statistic*, LR)로 Dickey와 Fuller에 의해 제시되었다. (David A. Dickey and Wayne A. Fuller, "Likelihood Ratio Statistics for Autoregressive Time Series with a Unit Root," *Econometrica* 49(4), July, 1981, pp. 1062~1063 참조.

28) 0.01의 유의수준에서 LR의 임계치는 표본수가 25인 경우 10.61, 표본수가 50인 경우는 9.31이다. LR의 임계치에 대해서는 Dickey and Fuller(1981), pp. 1062~1063 참조.

하면 계절분차 시계열은 비정상성이 남아있다고 결론지을 수 있다.

따라서 분석하려는 시계열은 1차 분차 및 계절분차가 필수적임을 알 수 있다. 1차 분차 및 계절분차된 시계열의 ACF와 PACF를 보면, AR과 MA의 혼합과정임을 알 수 있다. 혼합과정은 여러 가지 유형을 보이고 있으나, 공통적으로 ACF와 PACF가 모두 0으로 감소한다는 것이다. 그리고 ACF와 PACF는 p-q시차 이후부터 지수적으로 감소하는 형태를 보일 수도 있고, 부호가 교대로 감소하는 사인형태의 양상을 띨 수도 있다. 이 연구의 ACF와 PACF 형태는 ARIMA(1, 0, 1) x (0, 1, 0)의 모형으로 식별되었다.

(2) 분석결과

앞서 언급하였듯이 가장 최적의 ARIMA모형으로는 (1, 1, 1) x (0, 1, 0)이 채택되었다. AR, MA의 추정계수가 0.05 수준에서 통계적으로 유의하고, R^2 = 0.79, DW = 1.81, SE = 0.13, Q = 38.5로 최적의 모형이 되기에 적합하다. 〈표 4-11〉의 분석결과에 따르면 여섯 가지의 경우 중 EV1과 EV3의 경우에만 통계학적으로 유의하나, 그 부호는 예상(+)과는 정반대로 -로 나타났다.

따라서 정치적 경기순환주기가 존재한다고 할 수 없다. 최적의 ARIMA 모형의 설정은 절대적인 이론적 지침이 있는 것이 아니라, 시행착오를 통해 경험적으로 선택되는 것이기 때문에 이 연구에서는 대안적으로 ARIMA모형을 설정하였다. 이들 중에 AR, MA의 추정계수의 유의성, R^2, DW, SE, Q값을 기준으로 하여 대안이 될 수 있는 ARIMA모형을 선택하여 검정을 시도하였다.

총 80개의 ARIMA모형 중에서 (1, 1, 0) x (0, 0, 0), (2, 1, 0) x (0, 0, 0), (3, 1, 0) x (0, 0, 0), (0, 1, 1) x (0, 0, 0), (1, 0, 0) x (0, 1, 0), (0, 0, 1) x (0, 1, 0), (0, 0, 2) x (0, 1, 0), (0, 0, 3) x (0, 1, 0), (1, 0, 1) x (1, 1, 0), (1, 1, 1) x (0, 1, 1)의

〈표 4-11〉 1차 분차 및 계절분차자료

ARIMA(P, D, Q) × (p, d, q) / 선거더미변수	(1, 1, 1) ×(0, 1, 0)	(1, 1, 1) ×(0, 1, 1)
EV 1	-0.023*	-0.023*
EV 2	0.00003	-0.0005
EV 3	-0.007*	-0.006
EV 4	0.001	0.0015
EV 5	-0.095	-0.11
EV 6	0.019	0.021

〈표 4-12〉 1차 분차자료

ARIMA(P, D, Q) × (p, d, q) / 선거더미변수	(1, 1, 0) × (0, 0, 0)	(2, 1, 0) × (0, 0, 0)	(3, 1, 0) × (0, 0, 0)	(3, 1, 1) × (0, 0, 0)	(0, 1, 1) × (0, 0, 0)
EV 1	-0.02	-0.018	-0.02*	-0.02*	-0.027
EV 2	0.0001	0.003	-0.0001	0.001	-0.005
EV 3	-0.002	-0.007	-0.010*	-0.005*	0.001
EV 4	0.007	0.006	0.0005	0.009*	-0.001
EV 5	-0.076	-0.110	-0.168*	-0.123*	-0.19
EV 6	0.31	0.064	-0.224*	0.36*	0.14

〈표 4-13〉 계절분차자료

ARIMA(P, D, Q) × (p, d, q) / 선거더미변수	(1, 0, 0) × (0, 1, 0)	(0, 0, 1) × (0, 1, 0)	(0, 0, 2) × (0, 1, 0)	(0, 0, 3) × (0, 1, 0)	(1, 0, 1) × (1, 1, 0)
EV 1	-0.0045	-0.05*	-0.05*	-0.06*	-0.046*
EV 2	-0.032*	-0.036*	-0.036*	-0.035*	-0.032*
EV 3	0.010	0.01	0.011	0.01	0.017*
EV 4	-0.003	-0.025*	-0.024*	-0.02*	-0.005
EV 5	-0.11	-0.14	-0.16	-0.164*	-0.054
EV 6	0.10	-0.04	-0.10	0.008	0.17

11개가 대안적으로 선택되었다(부록 3).

〈표 4-11, 12, 13〉의 분석결과를 살펴보면, 많은 경우가 통계적으로 유의하지 않으며, 통계적으로 유의한[29] 경우도 예상부호와는 반대의 부호가 추정되었다. 통계적으로 유의하면서도, 예상된 부호가 나타난 경우는 (3, 1, 1) x (0, 0, 0) 모형에서 EV4, EV6인 두 선거더미변수뿐이다.

결론적으로 이 연구에서 ARIMA모형을 사용한 분석결과로는 정치적 경기순환주기가 존재한다고 할 수 없다.

29) 이 연구에서는 통계적 유의수준으로 0.05를 사용한다.

▪ 부록 3: ARIMA (P, D, Q)×(p, d, q) 모형분석결과

원시계열자료		
(1, 0, 0)×(0, 0, 0)	(2, 0, 0)×(0, 0, 0)	(3, 0, 0)×(0, 0, 0)
(1, 0, 1)×(0, 0, 0)	(2, 0, 1)×(0, 0, 0)	(3, 0, 1)×(0, 0, 0)
(1, 0, 2)×(0, 0, 0)	(2, 0, 2)×(0, 0, 0)	(3, 0, 2)×(0, 0, 0)
(1, 0, 3)×(0, 0, 0)	(2, 0, 3)×(0, 0, 0)	(3, 0, 3)×(0, 0, 0)
(0, 0, 1)×(0, 0, 0)	(0, 0, 2)×(0, 0, 0)	(0, 0, 3)×(0, 0, 0)
(1, 0, 0)×(1, 0, 0)	(2, 0, 0)×(1, 0, 0)	(3, 0, 0)×(1, 0, 0)
(1, 0, 1)×(1, 0, 0)	(2, 0, 1)×(1, 0, 0)	(3, 0, 1)×(1, 0, 0)
(1, 0, 2)×(1^{*}, 0, 0)	(2, 0, 2)×(1, 0, 0)	(3, 0, 2)×(1, 0, 0)
(1, 0, 3)×(1^{*}, 0, 0)	(2, 0, 3)×(1, 0, 0)	(3, 0, 3)×(1, 0, 0)
(0, 0, 1)×(1, 0, 0)	(0, 0, 2)×(1, 0, 0)	(0, 0, 3)×(1, 0, 0)
(1, 0, 0)×(0, 0, 1)	(2, 0, 0)×(0, 0, 1)	(3, 0, 0)×(0, 0, 1)
(1, 0, 1)×(0, 0, 1)	(2, 0, 1)×(0, 0, 1)	(3, 0, 1)×(0, 0, 1)
(1, 0, 2)×(0, 0, 1)	(2, 0, 2)×(0, 0, 1)	(3, 0, 2)×(0, 0, 1)
(1, 0, 3)×(0, 0, 1)	(2, 0, 3)×(0, 0, 1)	(3, 0, 3)×(0, 0, 1)
(0, 0, 1)×(1, 0, 0)	(0, 0, 2)×(0, 0, 1)	(0, 0, 3)×(0, 0, 1)
(1, 0, 0)×(1, 0, 1)	(2, 0, 0)×(1, 0, 1)	(3, 0, 0)×(1, 0, 1)
(1, 0, 1)×(1, 0, 1)	(2, 0, 1)×(1, 0, 1)	(3, 0, 1)×(1, 0, 1)
(1^{*}, 0, 2)×(1^{*}, 0, 1)	(2, 0, 2)×(1, 0, 1)	(3, 0, 2)×(1, 0, 1)
(1, 0, 3)×(1^{*}, 0, 1)	(2, 0, 3)×(1, 0, 1)	(3, 0, 3)×(1, 0, 1)
(0, 0, 1)×(1, 0, 1)	(0, 0, 2)×(1, 0, 1)	(0, 0, 3)×(1, 0, 1)

1차분차자료		
(1^{*}, 1, 0)×(0, 0, 0)	(2^{**}, 1, 0)×(0, 0, 0)	(3^{***}, 0, 0)×(0, 0, 0)
(1, 1, 1)×(0, 0, 0)	(2, 1, 1)×(0, 0, 0)	(3^{***}, 1, 1^{*})×(0, 0, 0)
(1, 1, 2)×(0, 0, 0)	(2, 1, 2)×(0, 0, 0)	(3^{***}, 1, 2^{*})×(0, 0, 0)
(1, 1, 3)×(0, 0, 0)	(2, 1, 3)×(0, 0, 0)	(3^{***}, 1, 3^{*})×(0, 0, 0)
(0, 1, 1^{*})×(0, 0, 0)	(0, 1, 2^{*})×(0, 0, 0)	(0, 1, 3^{*})×(0, 0, 0)
(1, 1, 0)×(1, 0, 0)	(2, 1, 0)×(1, 0, 0)	(3, 1, 0)×(1, 0, 0)
(1, 1, 1)×(1, 0, 0)	(2, 1, 1)×(1, 0, 0)	(3, 1, 1)×(1, 0, 0)
(1, 1, 2)×(1, 0, 0)	(2, 1, 2)×(1, 0, 0)	(3, 1, 2)×(1, 0, 0)
(1, 1, 3)×(1^{*}, 0, 0)	(2, 1, 3)×(1, 0, 0)	(3, 1, 3)×(1, 0, 0)
(0, 1, 1)×(1, 0, 0)	(0, 1, 2)×(1, 0, 0)	(0, 1, 3)×(1, 0, 0)
(1, 1, 0)×(0, 0, 1)	(2, 1, 0)×(0, 0, 1)	(3, 1, 0)×(0, 0, 1)
(1, 1, 1)×(0, 0, 1)	(2, 1, 1)×(0, 0, 1)	(3, 1, 1)×(0, 0, 1)
(1, 1, 2)×(0, 0, 1)	(2, 1, 2)×(0, 0, 1)	(3, 1, 2)×(0, 0, 1)
(1, 1, 3)×(0, 0, 1)	(2, 1, 3)×(0, 0, 1)	(3, 1, 3)×(0, 0, 1)
(0, 1, 1)×(0, 0, 1)	(0, 1, 2)×(0, 0, 1)	(0, 1, 3)×(0, 0, 1)
(1, 1, 0)×(1, 0, 1)	(2, 1, 0)×(1, 0, 1)	(3, 1, 0)×(1, 0, 1)
(1, 1, 1)×(1, 0, 1)	(2, 1, 1)×(1, 0, 1)	(3, 1, 1)×(1, 0, 1)
(1, 1, 2)×(1^{*}, 0, 1)	(2, 1, 2)×(1, 0, 1)	(3, 1, 2)×(1, 0, 1)
(1, 1, 3)×(1, 0, 1)	(2, 1, 3)×(1, 0, 1)	(3, 1, 3)×(1, 0, 1)
(0, 1, 1)×(1, 0, 1)	(0, 1, 2)×(1, 0, 1)	(0, 1, 3)×(1, 0, 1)

계절변동자료

<u>(1*, 0, 0)×(0, 1, 0)</u>	(2*, 0, 0)×(0, 1, 0)	(3*, 0, 0)×(0, 1, 0)
(1*, 0, 1)×(0, 1, 0)	(2*, 0, 1*)×(0, 1, 0)	(3, 0, 1)×(0, 1, 0)
(1*, 0, 2)×(0, 1, 0)	(2, 0, 2)×(0, 1, 0)	(3, 0, 2)×(0, 1, 0)
(1*, 0, 3)×(0, 1, 0)	(2, 0, 3)×(0, 1, 0)	(3, 0, 3)×(0, 1, 0)
<u>(0, 0, 1*)×(0, 1, 0)</u>	<u>(0, 0, 2**)×(0, 1, 0)</u>	<u>(0, 0, 3***)×(0, 1, 0)</u>
(1, 0, 0)×(1, 1, 0)	(2, 0, 0)×(1, 1, 0)	(3, 0, 0)×(1, 1, 0)
(1, 0, 0)×(0, 1, 1)	(2, 0, 0)×(0, 1, 1)	(3, 0, 0)×(0, 1, 1)
(1, 0, 0)×(1, 1, 1)	(2, 0, 0)×(1, 1, 1)	(3, 0, 0)×(1, 1, 1)
<u>(1*, 0, 1*)×(1*, 1, 0)</u>	(2, 0, 1)×(1, 1, 0)	(3, 0, 1)×(1, 1, 0)
(1, 0, 1)×(0, 1, 1)	(2, 0, 1)×(0, 1, 1)	(3, 0, 1)×(0, 1, 1)
(1, 0, 1)×(1*, 1, 1)	(2, 0, 1)×(1, 1, 1)	(3, 0, 1)×(1, 1, 1)
(1*, 0, 2)×(1, 1, 0)	(2, 0, 2)×(1, 1, 0)	(3, 0, 2)×(1, 1, 0)
(1*, 0, 2)×(0, 1, 1)	(2, 0, 2)×(0, 1, 1)	(3, 0, 2)×(0, 1, 1)
(1, 0, 2)×(1*, 1, 1)	(2, 0, 2)×(1, 1, 1)	(3, 0, 2)×(1, 1, 1)
(1, 0, 3)×(1, 1, 0)	(2, 0, 3)×(1, 1, 0)	(3, 0, 3)×(1, 1, 0)
(1*, 0, 3)×(0, 1, 1)	(2, 0, 3)×(0, 1, 1)	(3**, 0, 3)×(0, 1, 1)
(1, 0, 3)×(1, 1, 1)	(2, 0, 3)×(1, 1, 1)	(3, 0, 3)×(1, 1, 1)
(0, 0, 1)×(1, 1, 0)	(0, 0, 2)×(1, 1, 0)	(0, 0, 3)×(1, 1, 0)
(0, 0, 1)×(0, 1, 1)	(0, 0, 2)×(0, 1, 1)	(0, 0, 3)×(0, 1, 1)
(0, 0, 1)×(1, 1, 1)	(0, 0, 2)×(1, 1, 1)	(0, 0, 3)×(1, 1, 1)

1차 분차 계절 변동 조정자료

(1, 1, 0)×(0, 1, 0)	(2, 1, 0)×(0, 1, 0)	(3, 1, 0)×(0, 1, 0)
<u>(1*, 1, 1*)×(0, 1, 0)</u>	(2, 1, 1)×(0, 1, 0)	(3, 1, 1)×(0, 1, 0)
(1*, 1, 2)×(0, 1, 0)	(2, 1, 2)×(0, 1, 0)	(3, 1, 2)×(0, 1, 0)
(1, 1, 3)×(0, 1, 0)	(2, 1, 3)×(0, 1, 0)	(3, 1, 3)×(0, 1, 0)
(0, 1, 1)×(0, 1, 0)	(0, 1, 2)×(0, 1, 0)	(0, 1, 3)×(0, 1, 0)
(1, 1, 0)×(1, 1, 0)	(2, 1, 0)×(1, 1, 0)	(3, 1, 0)×(1, 1, 0)
(1, 1, 1)×(1, 1, 0)	(2, 1, 1)×(1, 1, 0)	(3, 1, 1)×(1, 1, 0)
(1, 1, 2)×(1*, 1, 0)	(2, 1, 2)×(1, 1, 0)	(3, 1, 2)×(1, 1, 0)
(1, 1, 3)×(1, 1, 0)	(2, 1, 3)×(1, 1, 0)	(3, 1, 3)×(1, 1, 0)
(0, 1, 1)×(1, 1, 0)	(0, 1, 2)×(1, 1, 0)	(0, 1, 3)×(1, 1, 0)
(1, 1, 0)×(0, 1, 1)	(2, 1, 0)×(0, 1, 1)	(3, 1, 0)×(0, 1, 1)
<u>(1*, 1, 1*)×(0, 1, 1*)</u>	(2, 1, 1)×(0, 1, 1)	(3, 1, 1)×(0, 1, 1)
(1, 1, 2)×(0, 1, 1)	(2, 1, 2)×(0, 1, 1)	(3, 1, 2)×(0, 1, 1)
(1*, 1, 3)×(0, 1, 1)	(2, 1, 3)×(0, 1, 1)	(3, 1, 3)×(0, 1, 1)
(0, 1, 1)×(0, 1, 1)	(0, 1, 2)×(0, 1, 1)	(0, 1, 3)×(0, 1, 1)
(1, 1, 0)×(1, 1, 1)	(2, 1, 0)×(1, 1, 1)	(3, 1, 0)×(1, 1, 1)
(1, 1, 1)×(1, 1, 1)	(2, 1, 1)×(1, 1, 1)	(3, 1, 1)×(1, 1, 1)
(1, 1, 2)×(1*, 1, 1)	(2, 1, 2)×(1, 1, 1)	(3, 1, 2)×(1, 1, 1)
(1, 1, 3)×(1, 1, 1)	(2, 1, 3)×(1, 1, 1)	(3, 1, 3)×(1, 1, 1)
(0, 1, 1)×(1*, 1, 1)	(0, 1, 2)×(0, 1, 1)	(0, 1, 3)×(1, 1, 1)

은 해당 추정계수가 0.05 수준에서 통계적으로 유의한 것을 나타낸다. 예컨대 (0, 1, 2) x (0, 0, 0)은 MA 1차, 2차 추정계수 중 하나만이 통계적으로 유의하다.

5. 실증연구 4: 간여시계열분석[30)]

1) 연구의 범위와 방법

이 연구의 범위는 1987년 6·29선언 이후 행해진 4번의 국회의원선거로 한다. 따라서 1988년 4월 26일의 13대 총선, 1992년 3월 24일의 14대 총선, 1996년 4월 11일의 15대 총선 및 2000년 4월 13일의 16대 총선을 대상으로 한다. 사용되는 자료는 실업률과 물가상승률의 월별 시계열자료이며, 간여시계열방법(*interrupted time series analysis*)에 의한 통계분석을 한다.

2) 간여시계열 모형의 설정과 분석결과

(1) 간여시계열 모형

시계열자료는 때때로 혁명, 정권교체, 특정 법률의 통과, 유가인상 등과 같은 특정한 외생요인에 의해 영향을 받는다. 이러한 시계열에 대한 외생적 간여의 영향을 평가하기 위해 준실험설계(*quasiexperimental design*)의 한 유형인 간여시계열 모형이 널리 사용된다.

간여시계열분석 모형은 간단히 다음과 같이 표시될 수 있다.

(1) $Y_t = f(I_t) + N_t$

Y_t는 관찰하려는 시계열변수를 의미하며, N_t는 잡음항(*noise*)으로 관찰하려는 시계열변수, Y_t의 ARIMA 과정으로 대표되는 항이다. I_t는 간여변수로 두 형태로 대별된다. 하나는 스텝함수(*Step Function*)로 특정 시점 T로부터 어떤 개입이 지속적으로 유지되는 경우를 나타내는

---

30) 실증연구 4는 이은국의 논문(2002) 중 실증분석부분만을 발췌·요약하였다.

변수이다. 이는 다음과 표현될 수 있으며, 개입이전은 0의 값을 개입시점을 포함한 그 이후는 1의 값을 가지는 더미변수이다.

$$S_t^{(t)} = \begin{cases} 0 & t < T(\text{개입이전}) \\ 1 & t \geq T(\text{개입당시및이후}) \end{cases}$$

다른 하나는 시점 T에서만 충격을 나타내는 변수로서 펄스함수(*Pulse Function*) 라하고 다음과 같이 표시된다. 개입시점에는 1의 값을 그 이외에는 0의 값을 지니는 더미변수의 유형이다.

$$P_t^{(t)} = \begin{cases} 0 & t \neq T(\text{개입당시}) \\ 1 & t = T(\text{그이외의시기}) \end{cases}$$

스텝함수와 펄스함수는 개입효과의 시작(*onset*) 과 지속성(*duration*) 유형에 따라 네 가지 형태로 분류된다. 첫째는 개입효과의 시작이 급진적(*abrupt*) 이면서 효과의 지속성이 영구적인(*permanent*) 유형, 둘째는 시작이 점진적(*gradual*) 이면서 지속성이 일시적인(*temporary*) 인 유형, 셋째는 시작이 급진적이면서 일시적인 유형, 넷째는 시작이 점진적이면서 영구적인 유형이다. 어떤 개입변수의 유형을 선택할 것이냐는 이론에 근거하여 선택하거나 이론이 없을 때는 시행착오를 통해 결정할 수밖에 없다(McDowell, McCleary, Meidiner, Hay, Jr., 1980: 66). 이 연구는 앞서 〈그림 3-2〉의 기회주의적 경기순환주기의 이론적 배경에 따라 세 번째 경우인 시작이 급진적이면서 일시적 효과의 유형을 선택하여 분석을 시도한다.

따라서 개입변수항을 포함하여 설정된 간여시계열 모형은 방정식 (2) 와 같다.

$$(2)\quad Y_t = \frac{\omega_i}{1-\delta_i B} I_t + \mathrm{ARIMA}(p,\ d,\ q)\ (P,\ D,\ Q)\ N_t$$

Y_t는 관찰하려는 시계열변수(실업률과 물가상승률)를 의미하며, I_t는 외부의 개입인 선거로 선거가 있는 기간은 1, 선거가 없는 기간은 0의 값을 가지는 더미변수로 펄스함수(P_t)이다. N_t는 잡음항으로 관찰하려는 시계열변수, Y_t의 ARIMA과정으로 대표되는 항이다. 여기서 ω_i는 선거가 실업률이나 물가상승률에 미치는 영향의 강도를 의미하며, δ_i는 선거의 효과가 얼마나 빨리 형성·소멸하는가의 정도를 나타낸다. 또한 이 연구는 제 13, 14, 15, 15대의 국회의원선거에 대한 간여시계열분석이므로 네 번의 선거를 고려한 모형은 (3)과 같이 표현된다.

$$(3)\quad Y_t = \frac{\omega_1}{1-\delta_1 B} I_1 + \frac{\omega_2}{1-\delta_2 B} I_2 + \frac{\omega_3}{1-\delta_3 B} I_3 + \frac{\omega_4}{1-\delta_4 B} I_4 + \mathrm{ARIMA}(p,\ d,\ q) \cdot (P,\ D,\ Q)\ N_t$$

여기서 I_1은 13대 총선(1988년 4월 26일), I_2는 14대 총선(1992년 3월 24일), I_3는 15대 총선(1996년 4월 11일), I_4는 16대 총선(2000년 4월 13일)의 가변수를 나타낸다. 노드하우스의 기회주의적 경기순환주기 가설과 연관하여 가변수를 살펴보자. 먼저 선거 이전 개입의 경우 집권당은 선거가 있기 얼마 전부터 경제부양정책을 통해 실업률을 낮추려 할 것이다. 이 경우 개입의 시작을 어느 시점으로 하느냐에 대해 일치된 의견이나 근거할 이론이 없으므로 이 연구는 3개월, 6개월, 9개월의 시점을 대안적으로 사용하였다.[31] 선거 이후 개입의 경우 집권당은 선거 이전의 팽창정책으로 치솟는 물가를 낮추기 위해 긴축정

31) 나타니엘 벡(Nathaniel Beck, 1982: 206)은 선거 이전 개입의 시작시점으로 6개월 이전이면 최적이라고 주장한다.

책을 추구할 것이다. 이 경우도 역시 개입의 시작에 대한 시점을 3개월, 6개월, 9개월의 시점을 대안적으로 사용하였다. 물가상승률의 경우도 동일한 선거 이후 개입분석을 시도하였다.

그리고 선거 이전 개입의 경우 실업률과 관련하여 정치적 경기순환주기 가설이 존재한다면 ω_i 의 부호는 음의 값을 가져야 한다. 선거 이후 개입의 경우는 반대로 ω_i 의 부호가 양의 값을, 물가상승률은 음의 값을 가져야 한다.

(2) 분석결과

실업률에 관한 3개월, 6개월, 9개월 선거시점 이전의 간여시계열분석 결과는 〈표 4-14〉와 같다.[32] 3종류의 간여시계열 모형에서 AR1, MA1, MA12는 모두 0.01수준에서 통계적으로 유의한 것으로 나타났다. 그러나 간여변수 I_1, I_2, I_3, I_4는 부정적인 결과를 보인다. 3개월, 6개월, 9개월의 간여시계열 모형 모두에서 I_3, I_4의 ω_3, δ_3 및 ω_4, δ_4는 통계적으로 유의하지 않다. I_2는 3개월 간여시계열 모형에서만 ω_2, δ_2 가 0.05수준에서 통계적 유의성을 보였지만, 이 역시 ω_i가 음의 부호를 가져야 한다는 예상과 달리 그와 반대인 양의 부호를 보인다. 간여변수 I_1만이 세 종류의 시계열모형 모두가 ω_1은 0.05수준에서, δ_1은 0.01수준에서 통계적으로 유의한 것으로 드러났다. 그러나 예상되는 음의 ω_i가 아닌 모두 양의 부호를 나타냈다. 따라서 실업률에 관한 선거시점 이전의 3개월, 6개월, 9개월 간여시계열분석 결과는 제 13,

---

32) 간여시계열분석은 먼저 시계열자료의 정상성(*stationarity*)을 확보해야 한다. 이 연구에서는 1차 분차(*the first differencing*)과 1차 계절분차(*the first seasonal differencing*)을 통해 비정상적인(*non-stationary*) 시계열자료의 정상성 확보하였다. 다음으로 개입변수를 고려하지 않은 적합한 ARIMA모형을 식별한다. 다음으로 개입의 유형에 따라 적절한 개입변수를 선택하여 앞서 식별된 ARIMA모형에 추가하여 추정한다.

〈표 4-14〉 실업률에 관한 선거 이전 간여시계열분석 결과

추정계수 / 기간	$AR1(\phi_1)$	$MA1(\theta_1)$	$MA12(\theta_{12})$	I_{t1}		I_{t2}		I_{t3}		I_{t4}	
				ϖ_1	δ_1	ϖ_2	δ_2	ϖ_3	δ_3	ϖ_4	δ_4
3개월	0.79*** (0.09)	-0.43*** (0.11)	-0.72*** (0.06)	0.37** (0.11)	0.17*** (0.09)	0.18** (0.06)	0.67** (0.18)	0.05 (0.12)	0.90 (2.43)	0.24* (0.15)	0.91 (0.63)
6개월	0.69*** (0.12)	-0.22*** (0.09)	-0.72*** (0.06)	0.37** (0.13)	0.70*** (0.12)	0.13 (0.12)	0.24 (0.75)	0.04 (0.05)	0.89 (0.90)	-0.12 (0.14)	0.46 (0.99)
9개월	0.69*** (0.11)	-0.24*** (0.06)	-0.71*** (0.06)	0.37** (0.12)	0.74*** (0.10)	0.06 (0.07)	0.78 (0.80)	0.04 (0.04)	0.91 (0.93)	0.06 (0.12)	0.34 (0.94)

괄호 안의 숫자는 표준오차임.
*: 0.1 , **: 0.05 , ***: 0.01 수준에 유의함.

14, 15, 16대 국회의원선거에서 정치적 경기순환주기를 찾아낼 수 없다는 것이다.

다음으로 실업률에 대한 3개월, 6개월, 9개월 선거시점 이후의 간여시계열분석 결과에서도 AR1, MA1, MA12는 모두 0.01수준에서 통계적으로 유의한 것으로 나타났다(〈표 4-15〉). 네 간여변수 I_1, I_2, I_3, I_4를 살펴보면, I_3의 경우 3개월 간여시계열 모형에서만 ω_3, δ_3가 0.1 수준에서 통계적으로 유의하며, ω_3의 부호도 예상대로 양의 부호를 보인 반면, 다른 경우에는 하나도 통계적으로 유의하지 않았다. 3개월, 6개월, 9개월, 선거시점 이후의 간여시계열분석 결과도 4번의 국회의원선거에서 정치적 경기순환주기 가설에 대해 부정적인 결론에 도달한다.

마지막으로 〈표 4-16〉은 물가상승률에 관한 3개월, 6개월, 9개월 선거시점 이후의 간여시계열분석 결과이다. 네 간여변수 I_1, I_2, I_3, I_4 모든 경우에 ω_1, ω_2, ω_3, ω_4의 계수가 통계적으로 유의하지 않다고 판명되었다. 물가상승률에 관한 간여시계열분석도 정치적 경기순환주기에 부정적인 결과를 제시하고 있다.

결론적으로 실업률에 대한 3개월, 6개월, 9개월 선거시점 이전, 선거시점 이후, 물가상승률에 대한 선거시점 이후 간여시계열분석 결과 제 13, 14, 15, 16대 국회의원선거에서는 정치적 경기순환주기를 발견하지 못하였다.

〈표 4-15〉 실업률에 관한 선거 이후 간여시계열분석 결과

추정계수 / 기간	$AR1(\phi_1)$	$MA1(\theta_1)$	$MA12(\theta_{12})$	I_{t1}		I_{t2}		I_{t3}		I_{t4}	
				ϖ_1	δ_1	ϖ_2	δ_2	ϖ_3	δ_3	ϖ_4	δ_4
3개월	0.64*** (0.11)	-0.16** (0.06)	-0.57*** (0.08)	0.31 (0.11)	0.99 (0.96)	-0.24 (0.34)	0.91 (1.85)	0.32* (0.18)	0.59* (0.30)	0.08 (0.24)	0.08 (3.13)
6개월	0.51*** (0.14)	-0.18** (0.07)	-0.67*** (0.06)	0.08 (0.16)	0.60 (0.81)	-0.02 (0.04)	0.21 (0.92)	0.05 (0.06)	0.22 (0.83)	0.30 (0.25)	0.05 (0.81)
9개월	0.67*** (0.10)	-0.17** (0.06)	-0.61*** (0.07)	0.17 (0.18)	0.25 (0.93)	0.04 (0.20)	0.41 (3.29)	0.23 (0.20)	0.34 (0.89)		

괄호 안의 숫자는 표준오차임.
*: 0.1 , **: 0.05 , ***: 0.01 수준에 유의함.

〈표 4-16〉 물가 상승률의 선거 이후 간여시계열분석 결과

추정계수 / 기간	$AR1(\phi_1)$	$MA1(\theta_1)$	$MA12(\theta_{12})$	I_{t1}		I_{t2}		I_{t3}		I_{t4}	
				ϖ_1	δ_1	ϖ_2	δ_2	ϖ_3	δ_3	ϖ_4	δ_4
3개월	0.13** (0.04)	-0.76** (0.07)	-0.63*** (0.07)	-0.01 (0.02)	0.11 (0.95)	0.01 (0.06)	0.70 (1.98)	-0.00 (0.01)	0.42 (1.15)	-0.00 (0.02)	0.13 (0.11)
6개월	0.19** (0.06)	-0.70*** (0.08)	-0.51*** (0.08)	0.01 (0.18)	0.62 (0.90)	0.02 (0.08)	0.08 (0.18)	0.00 (0.06)	0.17 (0.94)	-0.19 (0.90)	0.43 (0.95)
9개월	0.12** (0.04)	-0.74*** (0.07)	-0.64*** (0.06)	-0.09 (0.11)	0.05 (0.21)	0.10 (0.31)	0.13 (0.65)	0.12 (0.13)	0.54 (0.99)		

괄호 안의 숫자는 표준오차임.
*: 0.1 , **: 0.05 , ***: 0.01 수준에 유의함.

제5장

결론

(1) 지금까지 논의된 여러 정치적 경기순환주기에 관한 이론들은 상호보완적으로 정치와 경제의 상호의존성을 설명하는 데 중요한 시사점을 제공한다고 할 수 있다. 특히 공공선택론에 입각한 정치적 경기순환주기이론들은 국가정책이 이념이나 재선목표에 의해 제약받기 때문에 온정적 공익의 수호자로서의 국가가 사회적으로 최적인 정책을 추구한다는 전통적 시각에 의문을 제기하였다. 정치적 경기순환주기에 관련해 각 이론들은 상이한 함축성을 제시한다. 이는 상이한 가정을 전제로 한 이론도출의 당연한 귀결이며 그 나름대로 타당성을 지니고 있다. 따라서 특정의 정치문화에 따라 그 타당성이 제한될 수 있다. 그러나 기존의 정치적 경기순환주기에 관한 연구는 다음의 두 가지 측면에서 수정·확대되어야 할 것이다.

첫째, 앞에서 논의된 정치적 경기순환주기 이론들은 선거주기가 규칙적인 대통령제를 가정한 모형이다. 따라서 선거가 불규칙한 의원내각제 국가를 다룰 수 있는 모형의 개발도 활성화되어야 할 것이다.[1)]

둘째, 맑시스적 계급갈등에 입각한 보다 세분된 이익집단 간의 갈등을 기반으로 한 모형의 개발도 활성화되어야 할 것이다.[2)]

그러면 한국적 정치상황에 적합한 정치적 경기순환주기 이론은 무엇인가? 한국의 대통령선거를 살펴보면 제7대 대선(박정희-김대중) 이후 지역감정의 심화(영·호남의 지역갈등의 표출)에 따른 지역적 투표성향으로 특징지을 수 있다. 한편 제13대, 14대 대선을 계기로 지역적 투표성향과 함께 부동투표자들이 현저해졌다는 점이다. 따라서

---

1) Eun Kook Lee, "A Spectral Analysis of Political Business Cycles in Industrial Democracies," Unpublished Ph. D. dissertation, University of Chicago, 1991 참조.

2) 이에 관하여는 반 빈덴(Van Winden, 1983) 참조. 그는 이익집단을 자본가, 사적부문의 노동자, 국가부문의 노동자 및 실업자로 구분하여 정치와 경제의 상호작용을 연구하였다.

앞에서 언급된 민포드와 필의 모형으로부터 중요한 시사점을 얻을 수 있을 것이다. 이를 토대로 한국적 상황에 적합한 모형을 연역논리적으로 형식화(*formalize*)해야 할 것이다.

(2) 물론 위의 이론들이 예측한 형태로 정치적 경기순환주기가 존재하느냐 하는 것도 중요한 문제지만 제2장에서 살펴보았듯이 정치적 경기순환주기가 경제적 악영향을 미친다는 사실을 염두에 두어야 할 것이다. 따라서 정치적 경기순환주기를 제거하거나 극소화시키는 방안에 관한 연구도 필요하다. 이와 관련하여 린드벡(Lindbeck)이 제안한 개선방향은 새로운 시사점을 제시하여 준다(Lindbeck, 1976).

첫째, 선거기간과 선거 시점의 결정에 관한 정부의 권한문제.

둘째, 일당제(소수연합제, *small coalitions*)와 다수연합제(*broad coalitions*)의 선택문제.

셋째, 중앙은행 등과 같은 정책기관의 비정치화(*depoliticization*).

넷째, 의회의 사전 동의 없이 내각의 자유재량적인 정책을 수행할 수 있는 권한의 증대문제.

다섯째, 정치적 경기순환주기를 유발하는 정부나 정당에 대한 시민들의 비판적 태도 함양문제.

여섯째, 지방과 중앙정부 간의, 그리고 국가간의 새로운 정책수단이나 책임의 할당문제.

이런 제안들에 대한 구체적인 연구가 필요하다.[3)]

3) 보다 구체적인 논의는 Eun Kook Lee, 앞의 글, pp. 118~127 참조.

참고문헌

가. 국내문헌

구범모, 1992, "14대 총선의 정치사회학적 의미", 한국정치학회, 《선거와 한국정치》, 서울: 한국정치학회.

김광웅, 1990, 《한국의 선거 정치학》, 서울: 나남.

김두훈·김범식, 1990, "선거가 국민경제에 미치는 파급효과", 서울: 삼성경제연구소.

심석균, 1991, "국가위기론의 적실성과 제6공화국 국가위기의 경험적 분석", 한국정치학회 편, 《정치경제학의 이론과 전개》, 서울: 법문사.

______, 1994, "국가정책의 목적과 비전", 한국정책학회, 《대통령과 국가정책》, 서울: 대영문화사.

김연형, 1994, 《시계열분석》, 서울: 자유아카데미.

김영준·장구익·김윤태, 1997, 《해방이후 경제정책편람》, 서울: 경제사회연구회.

김용철·문정인, 1995, "한국의 경제발전과 민주화 경험: 정치경제의 역설적 순환", 《사회과학논집》 26, pp. 117~150.

김재한, 1993, "제14대 대선과 한국경제", 〈한국정치학회보〉 27(1), pp. 1099~1100.

______, 1993, "한국선거의 정치경제학", 이남영 편, 《한국의 선거 I》, 서울: 나남.

김종표·박경산, 1992, "선거와 정치적 경기순환", 한국정치학회, 《선거와 한국정치》, pp. 221~247.

문시열·김범식, 1992, "한국의 선거와 경제의 상관관계분석", 서울: 삼성경제연구소.

박정식·윤영선, 1997, 《현대통계학》, 서울: 다산출판사.

박찬욱, 1993, "제14대 국회의원 선거결과에 대한 집합자료 분석", 〈한국과 국제정치〉 9(2).

______, 1993, "14대 국회의원 총선거에서의 정당지지 분석", 이남영 편, 《한국의 선거 I》, 서울: 나남.

______, 1996, "15대 국회의원 총선거결과 개관: 선거 후 유권자 면접조사자료를 중심으로", 세종연구소 편, 《제 15대 총선분석》, 서울: 세종연구소.

삼성경제연구소, 1992, 《우리나라의 선거와 경제의 상관관계분석》, 서울: 삼성경제연구소.

소병희, 1982, "한국의 정치적 경기변동", 〈공사논집〉 14.

______, 1993, 《공공선택의 정치경제학》, 서울: 박영사.

심상달, 1991, 《선거의 거시경제효과》, KDI 분기별경제전망, 서울: 한국개발연구원.

심상달 · 이항용, 1992, "선거의 거시경제적 충격과 파급효과", 〈한국개발연구〉 14(1).

신명순 · 이우진 · 김성주, 1992, "한국에서의 선거", 《현대한국정치론》, 서울: 사회비평사.

______, 민준기 외, 1996, "한국의 정당과 정당정치", 《한국의 정치》, 서울: 나남.

신해용, 1989, "한국재정지출의 공공선택적 분석", 경제학박사학위논문, 건국대학교대학원.

안희수, 1995, "한국의 정당과 정당정치: 반성과 새로운 가능성", 《한국정당정치론》, 나남.

안철원 · 박두태 · 허창수, 1987, "중앙은행행태의 정치경제적 분석-선거의 영향을 중심으로", 〈서울시립대 상경논집〉 2(1).

오성환, 1993, 《우리나라 통화금융정책의 추이》, 서울: 한국금융연구원.

유금록, 1996, "정치적 조세순환의 스펙트럼 분석: 한국, 미국 및 일본의 비교연구", 〈한국행정학보〉 30(2), pp. 33~47.

유금록, 1994, "조세정책의 결정요인: 한국의 조세수입을 중심으로", 〈한국행정학보〉 28(3).

______, 1996, "정치적 조세순환의 스펙트럼 분석: 한국, 미국 및 일본의 비교연구", 〈한국행정학보〉 30(2).

______, 1998, "통화정책의 결정요인 분석: 총통화를 중심으로", 〈한국행정학보〉 32(4).

이갑윤, 1990, "투표행태와 민주화", 김광웅 편, 《한국의 선거정치학》, 서울: 나남, pp. 167~181.

이갑윤, 1998, 《한국의 선거와 지역주의》, 서울: 오름.

이동윤, 1996, "한국에 있어서 선거가 경제변동에 미치는 영향: 정치적 경기순환을 중심으로", 〈동서연구〉 8, pp. 233~279.

이남영·한배호 외, 1992, "한국 국회의원 선거결과를 결정하는 주요요인: 85년, 88년 양대 국회의원 선거결과의 비교분석", 《한국의 자본주의와 민주주의》, 서울: 법문사.

이상원, 1990, "정치적 경기변동에 관한 연구", 연세대학교 대학원 경제학 석사학위논문.

이용필, 1993, 《현대정치경제학: 이론과 방법》, 서울: 신유.

이은국, 1991, "정치경기유인변동이론에 관한 고찰", 〈현대사회와 행정〉 2, pp. 157~174.

______, 1993, "정치경기순환주기와 정치제도: 연역논리이론적 접근", 한국정치경제학회 편, 《한국정치 경제학이론》, 서울: 신유.

______, 1995, "공공선택과 정치순환주기이론", 〈행정논총〉 20, pp. 179~199.

______, 1995, "의원내각제 국가에서의 정치순환주기 II: 조작적 내각가설의 스펙트럼 분석", 〈사회과학논집〉 26, pp. 151~190.

______, 1999a. "정치적 경기슌확주기가설의 스펙트럼분석: 한국의 사례", 〈한국행정학보〉 33(3), pp. 177~193.

______, 1999b, "한국의 선거와 경제: 정치적 경기순환주기 가설의 검정", 〈한국정책학회보〉 8(3), pp. 5~26.

______, 2000, "ARIMA모형에 의한 정치적 경기순환주기 가설의 검정", 〈사회과학논집〉 31, pp. 59~85.

______, 2002, "선거가 경제에 미치는 영향에 관한 분석: 국회의원선거를 중심으로", 〈정책분석평가확회보〉 12(1), pp. 155~177.

이재웅, 1994, "경제정책", 한국정책학회 편, 《대통령과 국가정책》, 서울: 대영문화사.

장 훈, 1996, "정당과 선거", 윤정식·신명순·심지연 편저, 《한국정당정치론》, 서울: 법문사.

정상화, 1998, "선거와 화폐공급의 정치경제: 한국과 이본의 사례를 중심으로", 〈한국정치학회보〉 32(1).

정영국, 1993, "지역주의와 선거전략", 〈한국과 국제정치〉 9(2).

정진영, 1992, "경제와 선거: 정치적 경기순환이론과 6공화국의 정치경제", 한국정치학회 편, 《선거와 한국정치》, 서울: 한국정치학회, pp. 249~277.

제갈돈, 1993, 《ARIMA방법을 이용한 간여시계열 실험과 분석》, 서울: 자유아카데미.

조기숙, 1996, 《합리적 선택: 우리나라의 선거와 유권자》, 서울: 한울아카데미.

조기숙, 1992, "합리적 유권자 모델과 한국의 선거분석: 여촌야도, 지역주의, 정당본위 투표를 중심으로", 《한국의 선거 I》, 이남영 편, 서울: 나남.

조기숙 · 윤정선 · 신명순 · 심지연, 1996. "정당과 정책", 《한국정당정치론》, 서울: 법문사.

조성렬, 1996, "노태우 정권의 경제개혁과 국가전략의 변화", 〈한국정치학회보〉 3(2).

조신섭 · 이정형, 1997, 《SAS/ETS를 이용한 경제시계열 분석》, 서울: 자유아카데미.

조하현, 1997, 《경기변동의 원인과 파급경로 - 화폐 및 실물적 요인 분석》, 서울: 세경사.

최 광 · 노봉래, 1998, "정치적 경기순환의 이론 및 실증적 연구", 〈재정논집〉 2.

최기헌 · 이종협, 1994, 《SAS/ETS를 이용한 시계열 분석과 그 응용》, 서울: 자유아카데미.

최병선, 1995a, 《단변량시계열분석 I》, 서울: 세경사.

______, 1995b, 《다변량시계열분석》, 서울: 세경사.

최진배, 1996, 《해방이후 한국의 금융정책 - 정부 은행 그리고 기업의 관계를 중심으로》, 서울: 경성대학교 출판부.

한승수, 1996, 《신경제 정책론》, 서울: 두산동아.

나. 국외문헌

Alesina, A., 1987, "Macroeconomic Policy in a Two-Party System as a Repeated Game", *Quarterly Journal of Economics* 102(3), pp. 651~678.

______, 1988, "Macroeconomics and Politics", In NBER Macroeconomic Annual 1988 11-55 Cambridge, MA: MIT Press.

______, 1989, "Politics and Business Cycles in Industrial Democracies", *Economic Policy*, April, pp. 57~98.

Alesina, A. and A. Cukierman, 1987, "The Politics of Ambiguity", *NBER Working Paper* (2468).

Alesina, A. and H. Rosenthal, 1988, "Ideological Cycles in Congressional Elections and the Macro-economy", *GSIA Working Paper*(30), pp. 87~88.

______, 1995, *Partisan Politics, Divided Government and the Economy*, Cambridge University Press.

Alesina, A., N. Roubini and G. Cohen, 1997, *Political Cycles and the Macroeconomy*, Hong Kong: MIT.

Alesina, A. and J. Sachs, 1986, "Political Parties and Business Cycle in the United States, 1948~1984", *NBER Working Paper* (1940).

______, 1988, "Political Parties and Business Cycles in the United States, 1948~1984." *Journal of money, Credit, and Banking* 20, pp. 63~82.

Alesina, A. and E. Spearman, 1987, "An Overlapping Generations Model of Electoral Competition", *NBER Working Paper* (23), p. 54.

Alesina, A. and G. Tabellini, 1988, "Credibility and Politics", *European Economic Review* 32, 542~550.

Allen, S. J. Sulock, and W. Sabo, 1986, "The Political Business Cycle: How Significant?", *Public Finance Quarterly* 14(1), pp. 107~112.

Alt, J. E., 1979. *The Politics of Economic Decline*: Economic Management and Political Behavior in Britain since 1964: Cambridge University Press.

Alt, J. E., and A. K. Chrystal, 1983, *Political Economics*, Los Angeles: University of California Press.

______, 1986, "Party Strategies, World Demand, and Unemployment: The Political Economic Activity in Western Industrial Nations", *American Economic Review* 76(2), May, pp. 57~61.

Alt, J. E., and J. Wooley. 1982, "Reaction Functions, Optimization and Politics: Modelling the Political Economy of Macroeconomic Policy", *AJPS* 26(4), pp. 709~740.

Amercher, Ryan C. and William J. Boyes, 1979, "Macroeconomic Policies and Political Incentives in Democratic Governments: A Test of the Political Business Cycle", *the ACES Bulletin* XXI(1), Spring, pp. 49~59.

Attifield, C. D. Demery and N. Duck, 1981, "A Quarterly Model of Unanticipated Monetary Growth, Output and the Price Level in the U.K. 1963~1978", *Journal of Monetary Economics* 8, Nov, pp. 331~350.

Attifield, C. and N. Duck, 1983, "The Influence of Unanticipated Money Growth on Real Output: Some Cross Country Estimates", *Journal of Money, Credit, and Banking* 15, Nov, pp. 442~454.

Axelord, R., 1984, *The Evolution of Cooperation*, Basic Books: New York.

______, 1986, "Party Strategies, World Demand, and Unemployment: The Political Economic Activity in Western Industrial Nations", *American Economic Review* 76(2), pp. 57~61.

Barro, R., 1977, "Unanticipated Money Growth and Unemployment in the United States", *American Economic Review* 67, March, pp. 101~115.

______, 1978, "Unanticipated Money, Output and Price Level in the United States", *Journal of Political Economy* 86, Aug, pp. 549~580.

Barro, R and M. Rush, 1980, "Unanticipated Money and Economic Activity", in Rational Expectations and Economic Policy. Edited by S. Fischer. Chicago: *University of Chicago Press for National Bureau of Economic Research.*

Beck, N., 1982, "Parties, Administrations, and American Macroeconomic Outcomes", *American Political Science Review* 25(2), pp. 83~94.

______, 1982b, "Does There Exist a Political Business Cycle: A Box-Tiao Analysis", *Public Choice* 38, pp. 205~209.

______, 1987, "Elections and the Fed: Is There a Political Monetary Cycle?", *AJPS* 31, pp. 194~216.

Blondal, G., 1986, *Fiscal Policy in the Smaller Industrial Countries*, 1972~1982, Washington, D.C.: IMF.

Boddy, R. and D. Crotty. 1975. "Class Conflict and Macro-Policy", *Review of Radical Political Economics* 7(2), pp. 9~19.

Bogdanor, V. and D. Butler ed., 1983, *Democracy and Elections: Electoral Systems and Their Political Consequences*, Cambridge: Cambridge University Press.

Box, G. E. P. and G. C. Tiao, 1975, "Intervention Analysis with Applications to Economics and Environmental Problems", *Journal of the American Statistical Association* 70, pp. 70~79.

Breuss, F., 1990, "The Political Business Cycle: An Extension of Nordhaus's Model", *Empirica* 2(1): 223~259.

Brillinger, D. and P. Krishnaiah eds., 1983, *Time Series in the Frequency Domain*, Amsterdam: North-Holland.

Brittan, S., 1988, *Economic Consequences of Democracy*, Wildwood House Ltd., 2nd Edition.

Burklin, W., 1997, "Why Study Political Cycles?", *European Journal of Political Research* 15, pp. 131~143.

Cargill, Thomas F. and Michael M. Hutchinson, 1988, "Political Business Cycles in a Parliamentary Setting: The Case of Japan", Working Paper 88-08, *Federal Reserve Bank of San Francisco*, October.

Carlsen, Fredrik, 1999, "Inflation and Election: Theory and Evidence for six OECD Economies", *Economic Inquiry* 37(1), pp. 120~135.

Chappell, D. and W. Keech, 1983, "Welfare Consequences of the Six-year Presidential Term Evaluated in the Context of a Model of the U.S. Economy", *APSR* 72(1), Mar, pp. 75~91.

Chappell, D. and W. Keech, 1985, "The Political Viability of Rule-Based Monetary Policy", *Public Choice* 46, pp. 125~140.

______, 1986, "Party Differences in Macroeconomic Policies and Outcomes", *American Economic Review* 76(2), May, pp. 71~74.

Chappell, D. and D. Peel, 1998, "On the Political Theory of the Business Cycle", *Economic Letters* 2, pp. 327~332.

Chrytal, A. and D. Peel, 1986, "What can Economics Learn from Political Science", *American Economic Review* 76(2), May. pp. 62~65.

Dahl, R., 1971, *Polyarchy: Participation and Opposition*, New Haven: Yale University Press.

De Swaan, A., 1973, *Coalition Theories and Cabinet Formations*, Elsevier: Amsterdam.

Dickey, David A. and Wayne A. Fuller, 1981, "Likelihood Ratio Statistics for Autoregressive Time Series with a Unit Root", *Econometrica* 49, pp. 1057~1072.

Dinkel, R., 1981, "The Political Business Cycle in Germany and the United States: Some Theoretical and Empirical Considerations", in D.A. Hibbs, Jr. and H. Fassbender, eds., *Contemporary Political Economy*, Amsterdam: North-Holland. pp. 209~230.

Drezen, Allen, 2000, "The Political Business Cycles After 25 Years", *NBER Working Paper*.

Dzhaparidze, K., 1986, *Parameter Estimation and Hypothesis Testing in Spectral Analysis of Stationary Time Series*, Berlin: Springer-Verlag.

Eccleston, Richard., 1998, "The Fiscal-Electorial Nexus in Australia, 1976~1994", *Australian Journal of Political Science* 33(2), pp. 267~279.

Fair, D., 1980, Relations Between Central Banks and Government in the Determination of Monetary Policy with Special Reference to the United Kingdom, *SUERF Working Paper*.

Feiwel, G. R., 1974, "Reflections on Kalecki's Theory of the Political Business Cycle", *Kyklos* 27, pp. 21~48.

Fischer, S. ed., 1980, *Rational Expectations and Economic Policy*, Chicago: The University of Chicago Press.

Fitzerald, M. and G. Pollio, 1982, "On the Neutrality of Fiscal Policy", *European Economic Review* 17, Jan, pp. 87~98.

______, 1983, "Money, Activity, and Prices: Some Inter-Country Evidence", *European Economic Review* 23, Dec, pp. 299~314.

Frey, B. S., 1978a, *Modern Political Economy*, New York: Halsted Press.

Frey, B. S. and Schneider, F., 1978b, "Politico-Economic Models and Cycles", *Journal of Public Economics* 9, pp. 203~220.

______, 1978c, "A Politico-Economic Model of the United Kingdom", *Economic Journal* 88, pp. 243~253.

Friedman, M., 1982, "Monetary Policy: Theory and Practice", *Journal of Money, Credit, Banking* 14(1), pp. 98~118.

Fuller, W., 1976, *Introduction to Statistical Time Series*, N.Y: John Wiley & Sons.

Gardner, W., 1988, *Statistical Spectral Analysis: A Nonprobabilistic Theory*, Englewood Cliffs: Prentice-Hall.

Gastil, R., 1979, 1981, 1982, 1984, *Freedom in the World: Political Rights and Civil Liberty*, Westport: Greenwood Press.

Ginsburg, V. and P. Mithchel, 1983, "Random Timing of Elections and the Political Business Cycle", *Public Choice* 40, pp. 155~164.

Golden, D., and J. Poterba, 1980, "The Price of Popularity: The Political

Business Cycle Reexamined", *AJPS* 24, pp. 696~714.

Gonzalez, M., 1999, "Political Budget Cycles and Democracy and Macroeconomic Policy Cycles", *Working Paper*, Department of Economics, Princeton University.

Gottman, J., 1981, *Time-Series Analysis: A Comprehensive Introduction for Social Scientists*, Cambridge: Cambridge University Press.

Granger, C., 1966, "The Typical Spectral Shape of an Economic Variable", *Econometrica* 34, Jan, pp. 150~161.

______, 1969, "Investigating Causal Relations by Econometric Models and Cross-Spectral Methods", *Econometrica* 37, July, pp. 424~438.

Granger, C. and P. Newbold, 1986, *Forecasting Economic Time Series* (2nd Edition), Boston: Academic Press Inc.

Grier, K., 1987, "Presidential Elections and Federal Reserve Policy: An Empirical Tests", *Southern Economic Journal* 54(2), pp. 475~486.

Grossman, H., 1980, "Rational Expectations, Business Cycles, and Government Behavior", in Stanley Fischer ed., *Rational Economic Policy*.

Grossman, J., 1979, "Nominal Demand Policy and Short Run Fluctuations in Unemployment and Prices in the United States", *Journal of Political Economy* 87, Oct, pp. 1063~1085.

Hakes, D., 1988, "Monetary Policy and Presidential Elections: A Nonpartisan Political Cycle", *Public Choice* 57, pp. 175~182.

Hamada, K. and F. Hayashi, 1983, "Monetary Policy in Postwar Japan", *Mimeo University of Tokyo*, May 1983.

Havrilesky, T., 1987, "A Partisan Theory of Fiscal and Monetary Regimes", *Journal of Money, Credit, and Banking* 19, Aug, pp. 308~325.

______, 1988, "Monetary Policy Signaling From the Administration to the FED", *Journal of Money, Credit, and Banking* 20, Feb, pp. 83~101.

Hatanaka, M. and E. Howrey, 1969, "Low Frequency Variation in Economic Time Series", *Kyklos* 22, Fasc. 4. pp. 752~766.

Heckelman, Jack C. and Berument, H., 1998, "Political Business Cycles and Endogenous Election", *Southern Economic Journal*, April, pp. 987~1000.

Hibbs, D. A., Jr., 1975, "Economic Interest and the Politics of Macroeconomic Policy", *Working Paper* No. C/75-14, Center for International Studies, MIT.

______, 1977a, "Trade Union Power, Labor Militancy and Wage Inflation: A Comparative Analysis", *Working Paper* No. C/77-6, Center for International Studies, MIT.

______, 1977b, "Political Parties and Macroeconomic Policy", *APSR* 74(4), pp. 1467~1487.

______, 1981, "Economics and Politics in France :Economic Performance and Mass Political Support for Presidents Pompidou and Giscard D'Estaing", *European Journal of Political Research* 9(2), pp. 133~145.

______, 1982a, "On the Demand for Economic Outcomes: Mass Political Support in the United States, Great Britain and Germany", *Journal of Politics* 44(4), pp. 426~462.

______, 1982b, "The Dynamics of Political Support for American Presidents among Occupational and Partisan Groups", *AJPS* 26(2), pp. 312~332.

______, 1982c, "Economic Outcomes and Political Support American Presidents Among Occupational Classes: A Dynamic Analysis", *APSR* 72(2), pp. 259~279.

______, 1986, "Political Parties and Macroeconomic Policies and Outcomes in the United States", *American Economic Review* 76(2), May, pp. 66~70.

______, 1987a, *The Political Economy of Industrial Democracies*, Cambridge: Harvard University Press.

______, 1987b, *The American Political Economy: Macroeconomics and Electoral Politics*, Cambridge: Harvard University Press.

Hibbs, D. A., Jr., and H. Madsen, 1981, "The Impact of Economic Performance on Electoral Support in Sweden, 1967~1978", *Scandinavian Political Studies* 4(1), pp. 33~50.

Hibbs, D. A., Jr., and N. Vasilatos, 1981, "Macroeconomic Performance and Mass Political Support in the United States and Great Britain", in D. A. Hibbs, Jr. and H. Fassbender, eds., *Contemporary Political Economy*, Amsterdam: North-Holland, pp. 32~48.

Hill, J. and S. Smith, 1985, "The Political Timing of Errors in Inflation Forecasts", *Public Choice* 46, pp. 255~220.

Hirsch, F., and J. Goldthrope, 1978, *The Political Economy of Inflation*, Cambridge: Harvard University Press.

Inoguchi, T., 1980, "Economic Conditions and Mass Support in Japan", in *Models of Political Economy*, ed. Paul Whiteley, London: Sage Publications, pp. 121~154.

Jenkins, G. and D. Watts, 1968, *Spectral Analysis and Its Applications*, San Francisco: Hoden-Day.

Holler, M. ed., 1987, *The Logic of Multiparty Systems*, Boston: Kluwer Academic Publishers.

Kalecki, M., 1943, "Political Aspects of Full Employment", *Political Quarterly* 44(1), pp. 322~331.

______, 1972, "Political Aspects of Full Employment", in *the Last Phrase in the Transformation of Capitalism*, New York.

Keil, M., 1998, "Is the Political Business Cycle Really Dead?", *Southern Economic Journal* 55(1), pp. 86~99.

Kellman, M. and O. Izraeli, 1985, "The Political Business Cycle: An International Perspective", in P. M. Johnson and W. R. Williams, eds., *Rhythms in Politics and Economics*, New York: Praeger, pp. 71~83.

______, 1981, "On the Political Business Cycle", in Hibbs, D. A. Jr. and Fassbender, H. ed., *Contemporary Political Economy*, Amsterdam: North-Holland.

Kirchgassner, G., 1984, "On the Theory of Optimal Government Behavior", *Journal of Economic Dynamics and Control* 8, pp. 167~195.

______, 1985, "Rationality, Causality, and the Relation Between Economic Conditions and the Popularity of Paris: An Empirical Investigation for the Federal Republic of Germany, 1971~1982", *European Economic Review* 28, pp. 234~268.

______, 1986, "Economic Conditions and the Popularity of West German Parties", *European Journal of Political Research* 14(4), pp. 421~439.

Kirchgassner, G., 1994, "On the Theory of Optimal Government Behavior", *Journal of Economic Dynamics and Control* 8, pp. 167~195.

Klein. M. W., 1996, "Timing is All: Elections and the Duration of the United States Business Cycles", *Journal of Money, Credit, Banking* 28, pp. 84~101.

Kormendi, R. and P. Meguire, 1984, "Cross-Regime Evidence of Macro-economic Rationality", *Journal of Political Economy* 92(5), pp. 875~908.

Kramer, G., 1971, "Short-term Fluctuations in U.S. Voting Behavior, 1956~1964", *American Political Science Review* 65(1), pp. 131~143.

Lafay, J. D., 1991, "Empirical Analysis of Politico-Economic Interaction in East European Countries", *Soviet Studies* 33(3), pp. 386~400.

Lachler, U., 1978, "The Political Business Cycle: A Complementary Study", *Review of Economic Studies* XLV(140), pp. 369~375.

______, 1982, "On Political Business Cycles with Endogenous Election Dates", *Journal of Public Economics* 17, pp. 111~117.

Laney, L. O., and T. D. Willet., 1983, "Presidential Politics, Budget Deficits, and Monetary Policy in the United States: 1960~1976", *Public choice* 40(1), pp. 53~69.

Larkey, P. D., C. Stolp and M. Winter, 1984, "Why Government Grows", in T. C. Miller(ed.), *Public Sector Performance: A Conceptual Turning Point*, Baltimore: The Johns Hopkins University Press.

Leiderman, L., 1980, "Macroeconomic Testing of the Rational Expectations and Structural Neutrality Hypothesis for the United States", *Journal of Monetary Economics* 6, Jan, pp. 69~82.

Lewis-Beck, M. S. 1980, "Economic Conditions and Executive Popularity: The French Experiment", *AJPS* 24(2), pp. 302~323.

______, 1988, *Economics and Elections: The Major Western Democracies*, Ann Arbor: The University of Michigan Press.

Lindbeck, A., 1976, "Stabilization Policy in Open Economy with Endogenous Politicians", *American Economic Review, Papers and Proceedings* 66, pp. 1~19.

Lindberg, L., and C. Maier ed., 1985, *The Politics of Inflation and Economic Stagnation: Theoretical Approaches and International Case Studies*, Washington D.C.: Brookings Institution.

Locksley, Gareth, 1980, "The Political Business Cycle: Alternative Interpretations", in Models of Political Economy, Paul Whitelwy ed., Sage Publications Beverly Hills: California.

Loghmann, Susanne, 1998, "Institutional checks and balances and the political control of the money supply", *Oxford Economic Papers* 50, pp. 360~377.

Long, S., ed., 1986, *Research in micropolitics: Voting Behavior*, Greenwich: JAI Press Inc. vol. 1.

______, 1987, *Research in Micropolitics: Voting Behavior II*, Greenwich: JAI Press Inc. vol. 2.

Lovett, W., 1982, *Inflation and Politics: Fiscal, Monetary, and Wage-Price Discipline*, Lexington: D. C. Heath and Company.

Lucas, Jr., R., 1983, *Studies in Business-Cycle Theory*, Cambridge: The MIT Press.

MacRae, D., 1977, "A Political Model of the Business Cycle", *Journal of Political Economy* 85, pp. 239~263.

Mayer, T. and W. Arney, 1974, "Spectral Analysis and the Study of Social Change", in H. Costner ed., *Sociological Methodology*, San Francisco: Jossey-Bass Publishers.

McCallum, B. T., 1977, "The Political Business Cycle: An Empirical Test", *Southern Economic Journal* 43(3), pp. 504~515.

McDowall, D., R. McCleary, E. E. Meidinger, and R. A. Hay, Jr., 1980, *Interrupted Time Series Analysis*, Beverly Hills, CA: Sage Publications.

______, 1980, "Rational Expectations and Macroeconomic Stabilization Policy: An Overview", *Journal of Money, Credit, and Banking* 12(4), pp. 714~746.

______, 1981, "On the Political Business Cycle", In *Contemporary Political Economy*, ed. D.A. Hibbs, Jr., and H. Fassbender. Amsterdam: North-Holland, pp. 169~184.

Maloney, K., and M. Smirlock, 1981, "Business Cycles and the Political Process", *Southern Economic Journal* 42(2), pp. 377~392.

Medley, R. ed., 1982, *The Politics of Inflation: A Comparative Analysis*,

New York: Pergamon Press.

Menil, G. De, and U. Wesphal, ed., 1985, *Stabilization Policy in France and the Federal Republic of Germany*, Amsterdam: North-Holland.

Merrick, J., 1983, "Financial Market Efficiency, the Decomposition of Anticipated Versus Unanticipated Money Growth and Further Tests of the Relation between Money and Real Output", *Journal of Money, Credit, and Banking* 15, May, pp. 22~232.

Minford, P. and D. Peel, 1982, "The Political Theory of the Business Cycle", *European Economic Review* 17, pp. 253~270.

Mishikin, F., 1983, *A Rational Expectation Approach to Macroeconomics: Testing Policy Ineffectiveness and Efficient Market Models*, Chicago: University of Chicago Press.

Mitchell, J. C., and W. G. Mitchell, 1986, "Policy Analysis: Elementary Uses of Efficiency", in Stuart Nagel(ed.), Research in Public Policy Analysis and Management. London: JAI Press Inc.

Monroe, K., 1980, "A French Political Business Cycle?" in *French Politics and Public Policy*, ed. P. Cerny and M. Schain, London: Methuen and St. Martin's, pp. 142~158.

Mosley, P., 1984, *The Making of Economic Policy: Theory and Evidence from Britain and the United States since 1945*, Brighton: Harvester Press.

Nerlove, M., D. Grether, and J. Carvalho, 1979, *Analysis of Economic Time Series: Synthesis*, N. Y.: Academic Press.

Nerlove, M., 1980, "Unobserved Components Models for Economic Time Series", in M. Nerlove ed., *Problems of Time Series Analysis*, Wien: Bibliographics Institute.

Nordhaus, W. D., 1975, "The Political Business Cycle", *Review of Economic Studies* 42(2), pp. 169~190.

______, 1989, "Alternative Approaches to the Political Business Cycle", *Brookings Papers on Economic Activity* 2, pp. 1~68.

Paldam, M., 1979, "Is There an Electoral Cycle ? A Comparative Study of National Account", *Scandinavian Journal of Economics* 81(2), pp. 323~342.

______, 1981, "A Preliminary Survey of the Theories and Findings on Vote and Popularity Functions", *European Journal of Political Research* 7, pp. 1~26.

______, 1981, "An Essay on the Rationality of Economic Policy: The Test Case of the Election Cycle", *Public Choice* 37(1981), pp. 287~298.

Paldam, M., and F. Schneider, 1980, "The Macro-economic Aspects of Government and Opposition Popularity in Denmark, 1957~1978", *Nationalokonomisk Tidsskrift* 118(2), pp. 149~170.

Peretz, P., 1993, *The Political Economy of Inflation in the United States*, Chicago: The University of Chicago Press.

Popper, K., 1988, "The Open Society and Its Enemies Revisited", *The Economist*, April 23, pp. 19~22.

Rogoff, K., 1985, "Them Optimal Degree of Commitment to an Intermediate Monetary Target", *Quarterly Journal of Economics* 100, Nov, pp. 1164~1190.

Rogoff, K and A. Sibert, 1988, "Equilibrium Political Business Cycles", *Review of Economic Studies* 55, Jan, pp. 1~16.

Roubini, N. and J. Sachs, 1989a, "Government Spending and Budget Deficits in the Industrial Countries", *Economic Policy*, April, pp. 100~132.

______, 1988b, "Political and Economic Determinants of Budget Deficits in the Industrial Democrats", *European Economic Review* 33, pp. 903~938.

Sargent, T. J., 1973, "Rational Expectations, the Real Rate of Interest, and the Natural Rate of Unemployment", *Brookings Papers on Economic Activity*, pp. 429~472.

______, 1976, April, "A Classical Macroeconometric Model for the United States", *Journal of Political Economy* 84, pp. 207~238.

Sargent, T., 1987, *Macroeconomic Theory, 2nd Edition*, Boston: Academic Press.

Seo, J. and W. Takahashi, 1981, "Anticipated Money and Real Output: An Examination of the Macro-rational Expectations Hypothesis for Japan", *Discussion Paper* (10), November, Tokyo: The Bank of Japan.

Sheffrin, S., 1979, "Unanticipated Money Growth and Output Fluctuations",

Economic Inquiry 17, Jan, pp. 1~13.

Shi, M. and J. Svenson, 2000, "Political Business Cycles in Developed and Developing Countries", *Working Paper*, The World Bank, February.

Shughart, W. and R. Tollison, 1985, "Legislation and Political Business Cycles", *Kyklos* 38(1), pp. 43~59.

Shumway, R., 1988, *Applied Statistical Time Series Analysis*, Englewood Cliffs: Prentice Hall.

Sims, C., ed., 1977, *New Methods in Business Cycle Research: Proceedings from a Conference*, Minneapolis: Federal Reserve Bank of Minneapolis.

Soh, B, S., 1988, "Political Instability and Economic Fluctuations in the Republic of Korea", *Public Choice* 57, pp. 259~274.

______, 1986, "Political Business Cycles in Industrialized Democratic Countries", *Kyklos* 39(1), pp. 31~46.

Stein, J., 1984, *Monetarist, Keynesian and New Classical Economics*, New York: New York University Press.

Thompson, G., 1990, *The Political Economy of the New Right*, Boston: A Division of G. K. Hall & Co.

Thompson, W. and G. Zuk, 1983, "American Elections and the International Electoral-Economic Cycle: An Empirical Test", *AJPS* 27, pp. 464~484.

Tufte, E., 1978, *Political Control of the Economy*, Princeton: Princeton University Press.

Van Den Broeck, J. ed., 1988, *Public Choice*, A. A. Dordrecht, The Netherlands: Kluwer Academic Publisher.

Weber, R., 1987, "Cycles of the Third Kind", *European Journal of Political Research* 15, pp. 145~153.

Whiteley, P., 1980, *Models of Political Economy*, London: Sage Publications, pp. 155~160.

Willet, T., 1988, *Political Business Cycles: The Political Economy of Money, Inflation, and Unemployment*, Durham: Duke University Press.

Wolf Jr, C., 1988, *Markets or Governments: Choosing Between Imperfect Alternatives*, Cambridge: MIT Press.

Wogin, G., 1980, "Unemployment and Monetary Policy under Rational Expectations: Some Canadian Evidence", *Journal of Monetary Economics* 6, pp. 59~68.

Zurbenko, I., 1986, *The Spectral Analysis of Time Series*, Amsterdam: North-Holland.

다. 기 타

〈국회보〉 1992년 2월.

〈이코노미스트〉 1997년 4월, 제 381호.

〈중앙일보〉 1999년 9월 9일 5면.

〈조선일보〉 1999년 10월 8일 1면.

삼성경제연구소 http://www.seri-samsung.org

중앙선거관리위원회 http://www.nec.go.kr

통계청 http://www.nso.go.kr

찾아보기

(일 반)

ㄱ

ㄹ·ㅁ

ㅂ

ㅅ

ㅇ

ㅈ

ㅊ · ㅋ

ㅌ

찾아보기

(인 명)